LE VRAI
INDICATEUR DU TEMPS

POUR L'ANNÉE 1868,

Augmenté des Indications météorologiques pour les mois
de Novembre et de Décembre 1867, ainsi que des Foires du département du Tarn et des départements circonvoisins,

Par M. J. LAUGÉ, du Tarn.

DEUXIÈME ANNÉE.

LAVAUR (Tarn) :

L. CAVAILLÉ, Libraire-Éditeur.

PARIS :

L. HACHETTE et Cie, Libraires, boulevard St-Germain, 77,
et chez tous les Libraires.

LE VRAI
INDICATEUR DU TEMPS

POUR L'ANNÉE 1868,

Augmenté des indications météorologiques pour les mois de Novembre et de Décembre 1867, ainsi que des Foires du département du Tarn et des départements circonvoisins,

Par M. J. LAUGÉ, du Tarn.

DEUXIÈME ANNÉE.

LAVAUR (Tarn) :

L. CAVAILLÉ, Libraire-Éditeur.

PARIS :

L. HACHETTE et Cie, Libraires, boulevard St-Germain, 77,
et chez tous les Libraires.

1867

Propriété de l'Éditeur.

Albi, imprimerie M. Papailhiau.

ARTICLES PRINCIPAUX DU CALENDRIER

POUR L'ANNÉE 1868.

COMPUT ECCLÉSIASTIQUE.

Nombre d'or, en 1868..	7	Indiction romaine......	11
Epacte.................	VI	Lettre dominicale......	E D
Cycle solaire..........	1		

FÊTES MOBILES.

Septuagésime.	9 février.	Pentecôte......	31 mai.
Les Cendres..	26 février.	*La Trinité....*	7 juin.
Pâques.......	12 avril.	Fête-Dieu.....	11 juin.
Rogations...	18, 19, 20 mai.	1er *Dimanche de*	
Ascension....	21 mai.	*l'Avent......*	29 novemb.

QUATRE-TEMPS.

Mars...........	4, 6 et 7.	Septembre...	16, 18 et 19.
Juin...........	3, 5 et 6.	Décembre....	16, 18 et 19.

COMMENCEMENT DES 4 SAISONS.

Printemps, le 20 mars, à 7 heures 53 minutes du matin.
Eté, le 21 juin, à 4 heures 18 minutes du matin.
Automne, le 22 septembre, à 6 heures 40 minutes du soir.
Hiver, le 21 décembre, à 0 heure 37 minutes du soir.

ÉCLIPSES.

Le 23 février, éclipse annulaire de soleil, partiellement visible
à Paris.

Commenc^t. de l'éclipse partielle, le 23, à 3 h. 48 m. du soir.
Plus grande phase..................... 4 h. 7 m. du soir.
Fin de l'éclipse partielle............... 4 h. 28 m. du soir.

Le 17 août, éclipse totale de soleil, invisible à Paris.

TABLEAU DES PLUS GRANDES MARÉES
DE L'ANNÉE 1868.

	Jours et heures de la syzygie.	Hauteur de la marée.
	h m	
Janvier....	P. L. le 9, à 11 2 soir.................	1,06
	N. L. le 24, à 7 28 soir.................	0,80
Février....	P. L. le 8, à 9 45 matin.............	1,05
	N. L. le 23, à 2 30 soir.................	0,87
Mars......	P. L. le 8, à 8 32 soir.................	1,10
	N. L. le 24, à 7 8 matin.............	0,94
Avril.......	P. L. le 7, à 7 26 matin.............	1,04
	N. L. le 22, à 8 29 soir.................	0,96
Mai........	P. L. le 6, à 6 46 soir.................	0,92
	N. L. le 22, à 6 45 matin.............	0,96
Juin......	P. L. le 5, à 7 4 matin.............	0,82
	N. L. le 20, à 2 54 soir.................	0,98
Juillet.....	P. L. le 4, à 8 49 soir.................	0,77
	N. L. le 19, à 10 6 soir.................	1,03
Août......	P. L. le 3, à 0 1 soir.................	0,79
	N. L. le 18, à 5 21 matin.............	1,05
Septembre.	P. L. le 2, à 4 7 matin.............	0,85
	N. L. le 16, à 1 29 soir.................	1,13
Octobre...	P. L. le 1, à 8 7 soir.................	0,91
	N. L. le 15, à 11 11 soir.................	1,08
	P. L. le 31, à 11 15 matin...........	0,93
Novembre..	N. L. le 14, à 11 5 matin.............	0,96
	P. L. le 30, à 1 10 matin.............	0,94
Décembre..	N. L. le 14, à 1 43 matin.............	0,85
	P. L. le 29, à 1 57 soir.................	0,97

On a remarqué que, dans nos ports, les plus grandes marées suivent d'un jour et demi la nouvelle et la pleine Lune. Ainsi, on aura l'époque où elles arrivent, en ajoutant un jour et demi à la date des syzygies.

JANVIER. (Le Verseau).

P. Q. le 3, à 4 heures 12 minutes du matin.
P. L. le 9, à 11 heures 2 minutes du soir.
D. Q. le 16, à 5 heures 13 minutes du soir.
N. L. le 24, à 7 heures 28 minutes du soir.

JOURS du mois.	JOURS de la semaine.	NOMS DES SAINTS.	LEVER du soleil.		COUCHER du soleil.		LEVER de la lune.		COUCHER de la lune.	
			h	m	h	m	h	m	h	m
1	mercr.	Circoncision.	7	56	4	11	11 mat.	11	10 soir.	52
2	jeudi.	s. Basile, évêque.	7	56	4	12	11 mat.	37	11 soir.	57
3	vendr.	ste. Geneviève, vierge	7	56	4	13	0 soir.	3	—	
4	samedi	s. Grégoire, évêque.	7	56	4	14	0	31	1 matin.	4
5	Dim.	s. Siméon, Stylite.	7	55	4	15	1	2	2	14
6	lundi.	L'Epiphanie.	7	55	4	17	1	39	3	26
7	mardi.	s. Théon.	7	55	4	18	2	24	4	38
8	mercr.	s. Lucien, docteur.	7	55	4	19	3	18	5	48
9	jeudi.	s. Julien, évêque.	7	54	4	20	4	21	6	53
10	vendr.	s. Paul, ermite.	7	54	4	22	5	32	7	50
11	samedi	s. Théodose, abbé.	7	53	4	23	6	48	8	39
12	Dim.	s. Arcade, martyr.	7	53	4	24	8	5	9	20
13	lundi.	Oct. de l'Epiphanie.	7	52	4	25	9	21	9	54
14	mardi.	s. Hilaire, év. et m.	7	52	4	27	10	34	10	25
15	mercr.	s. Maur, abbé.	7	51	4	28	11	44	10	54
16	jeudi.	s. Firmin, évêque.	7	50	4	30	—		11	21
17	vendr.	s. Antoine, abbé.	7	50	4	31	0 matin.	52	11	49
18	samedi	Chaire de s. Pierre.	7	49	4	33	1 matin.	58	0 soir.	19
19	Dim.	s. Guillaume.	7	48	4	34	3	1	0	52
20	lundi.	s. Sébastien, mart.	7	47	4	36	4	0	1	28
21	mardi.	ste Agnès, v. et m.	7	46	4	37	4	55	2	9
22	mercr.	s. Vincent, martyr.	7	45	4	39	5	47	2	55
23	jeudi.	s. Fabien, prêtre.	7	44	4	40	6	34	3	46
24	vendr.	s. Thimothée, év.	7	43	4	42	7	15	4	41
25	samedi	Conv. de s. Paul.	7	42	4	43	7	50	5	39
26	Dim.	ste Paule, veuve.	7	41	4	45	8	21	6	39
27	lundi.	ste Julienne.	7	40	4	47	8	49	7	41
28	mardi.	s. Charlemagne.	7	39	4	48	9	16	8	44
29	mercr.	s. François de Sales.	7	37	4	50	9	42	9	47
30	jeudi.	ste Bathilde.	7	36	4	51	10	08	10	52
31	vendr.	s. Pierre Nolasque.	7	35	4	53	10	34	11	59

FÉVRIER. (Les Poissons).

P. Q. le 1, à 6 heures 25 minutes du soir.
P. L. le 8, à 9 heures 45 minutes du matin.
D. Q. le 15, à 9 heures 26 minutes du matin.
N. L. le 23, à 2 heures 30 minutes du soir.

JOURS du mois.	JOURS de la semaine.	NOMS DES SAINTS.	LEVER du soleil.		COUCHER du soleil.		LEVER de la lune.		COUCHER de la lune.	
			h	m	h	m	h	m	h	m
1	samedi	s. Ignace.	7	33	4	55	11 mat.	3	—	—
2	Dim.	LA PURIFICATION.	7	32	4	56	11 mat.	36	1 matin.	8
3	lundi.	s. Blaise, évêque.	7	31	4	58	0 soir.	15	2 matin.	17
4	mardi.	ste Jeanne.	7	29	5	0	1	2	3 matin.	26
5	mercr.	ste Agathe, v. et m.	7	28	5	1	1	59	4	32
6	jeudi.	s. Armand, évêque.	7	26	5	3	3	5	5	32
7	vendr.	s. Vaast, évêque.	7	25	5	5	4	17	6	25
8	samedi	s. Jean de Matha.	7	23	5	8	5	34	7	11
9	Dim.	Septuagésime.	7	22	5	8	6	52	7	49
10	lundi.	s. Guillaume.	7	20	5	10	8	9	8	22
11	mardi.	s. Séverin.	7	18	5	11	9	24	8	52
12	mercr.	ste Eulalie.	7	17	5	13	10	36	9	22
13	jeudi.	s. Lezin.	7	15	5	15	11	44	9	52
14	vendr.	s. Valentin.	7	13	5	16	—	—	10	22
15	samedi	ss. Faustin et Jovite.	7	12	5	18	0 matin.	49	10	54
16	Dim.	Sexagésime.	7	10	5	20	1 matin.	51	11	29
17	lundi.	s. Sylvain.	7	8	5	21	2 matin.	49	0 soir.	8
18	mardi.	s. Siméon.	7	6	5	23	3	43	0 soir.	52
19	mercr.	s. Barbat, évêque.	7	5	5	24	4	31	1	41
20	jeudi.	s. Eucher.	7	3	5	26	5	13	2	34
21	vendr.	s. Pépin.	7	1	5	28	5	50	3	31
22	samedi	s. Baradat.	6	59	5	29	6	23	4	31
23	Dim.	Quinquagésime.	6	57	5	31	6	53	5	33
24	lundi.	ste Dosithée.	6	55	5	33	7	20	6	36
25	mardi.	s. Mathias.	6	53	5	34	7	46	7	40
26	mercr.	Les Cendres.	6	51	5	36	8	12	8	45
27	jeudi.	s. Nestor.	6	49	5	37	8	38	9	51
28	vendr.	ste Honorine.	6	48	5	39	9	6	10	58
29	samedi	s. Protère.	6	46	5	41	9	37	—	—

MARS. (Le Bélier).

P. Q. le 2, à 4 heures 58 minutes du matin.
P. L. le 8, à 8 heures 32 minutes du soir.
D. Q. le 16, à 3 heures 38 minutes du matin.
N. L. le 24, à 7 heures 8 minutes du matin.
P. Q. le 31, à 0 heure 35 minutes du soir.

JOURS du mois.	JOURS de la semaine.	NOMS DES SAINTS.	LEVER du soleil.		COUCHER du soleil.		LEVER de la lune.		COUCHER de la lune.	
			h	m	h	m	h	m	h	m
1	Dim.	*Quadragésime.*	6	44	5	42	10	13	0	6
2	lundi.	s. Simplicien.	6	42	5	44	10	55	1	14
3	mardi.	s. Casimir.	6	39	5	45	11	45	2	19
4	mercr.	*Quatre-Temps.*	6	38	5	47	0	45	3	19
5	jeudi.	s. Gérasime.	6	36	5	49	1	53	4	13
6	vendr.	ste Colette.	6	34	5	50	3	6	5	0
7	samedi	stes Perpétue et Félic.	6	32	5	52	4	22	5	41
8	Dim.	*Reminiscere.*	6	30	5	53	5	39	6	17
9	lundi.	ste Françoise.	6	27	5	55	6	56	6	49
10	mardi.	s. Macaire, évêque.	6	25	5	56	8	11	7	19
11	mercr.	Les 40 martyrs.	6	23	5	58	9	23	7	48
12	jeudi.	s. Paul, évêque.	6	21	5	59	10	32	8	18
13	vendr.	ste Eulalie.	6	19	6	1	11	37	8	50
14	samedi	s. Lubin, évêque.	6	17	6	2	—	—	9	25
15	Dim.	*Oculi.*	6	15	6	4	0	38	10	4
16	lundi.	s. Abraham.	6	13	6	5	1	34	10	47
17	mardi.	ste Gertrude.	6	11	6	7	2	25	11	35
18	mercr.	s. Alexandre.	6	9	6	8	3	10	0	27
19	jeudi.	s. Joseph.	6	7	6	10	3	50	1	22
20	vendr.	s. Joachim.	6	4	6	12	4	25	2	24
21	samedi	s. Benoît, abbé.	6	2	6	13	4	55	3	22
22	Dim.	*Lætare.*	6	0	6	15	5	23	4	25
23	lundi.	s. Victorin.	5	58	6	16	5	49	5	29
24	mardi.	s. Simon.	5	56	6	18	6	15	6	34
25	mercr.	ANNONCIATION.	5	54	6	19	6	41	7	41
26	jeudi.	s. Rupert.	5	52	6	21	7	9	8	50
27	vendr.	s. Félix, évêque.	5	50	6	22	7	40	9	59
28	samedi	s. Gontrand.	5	48	6	24	8	15	11	7
29	Dim.	*La Passion.*	5	45	6	25	8	55	—	—
30	lundi.	s. Eustache, abbé.	5	43	6	26	9	42	0	12
31	mardi.	s. Rieule, évêque.	5	41	6	28	10	37	1	12

AVRIL. (Le Taureau).

P. L. le 7, à 7 heures 26 minutes du matin.
D. Q. le 14, à 10 heures 44 minutes du soir.
N. L. le 22, à 8 heures 29 minutes du soir.
P. Q. le 29, à 6 heures 27 minutes du soir.

JOURS du mois.	JOURS de la semaine.	NOMS DES SAINTS.	LEVER du soleil.		COUCHER du soleil.		LEVER de la lune.		COUCHER de la lune.	
			h	m	h	m	h	m	h	m
1	mercr.	s. Hugues.	5	39	6	29	11	40	2	7
2	jeudi.	s. François.	5	37	6	31	0	49	2	55
3	vendr.	s. Richard.	5	35	6	32	2	2	3	37
4	samedi	s. Isidore.	5	33	6	34	3	17	4	14
5	Dim.	*Les Rameaux.*	5	31	6	35	4	33	4	47
6	lundi.	s. Eutique.	5	29	6	37	5	48	5	17
7	mardi.	s. Hégésippe.	5	27	6	38	7	1	5	46
8	mercr.	s. Gautier, abbé.	5	25	6	40	8	12	6	16
9	jeudi.	ste Marie-Égypt.	5	23	6	41	9	20	6	47
10	vendr.	s. Macaire.	5	21	6	43	10	24	7	20
11	samedi	s. Isaac de Syrie.	5	19	6	44	11	24	7	57
12	Dim.	PAQUES.	5	17	6	46	—		8	39
13	lundi.	s. Justin.	5	15	6	47	0	18	9	25
14	mardi.	s. Tiburce.	5	13	6	49	1	5	10	15
15	mercr.	s. Paterne.	5	11	6	50	1	47	11	10
16	jeudi.	s. Pair, évêque.	5	9	6	52	2	24	0	8
17	vendr.	s. Anicet, pape.	5	7	6	53	2	56	1	8
18	samedi	s. Parfait.	5	5	6	55	3	25	2	11
19	Dim.	*Quasimodo.*	5	3	6	56	3	52	3	15
20	lundi.	ste Hildegonde.	5	1	6	58	4	18	4	20
21	mardi.	s. Anselme, évêque.	4	59	6	59	4	44	5	27
22	mercr.	ste Opportune.	4	57	7	1	5	11	6	36
23	jeudi.	s. Georges, martyr.	4	55	7	2	5	40	7	45
24	vendr.	s. Robert, abbé.	4	53	7	3	6	13	8	55
25	samedi	s. Marc, évangéliste.	4	52	7	5	6	52	10	4
26	Dim.	s. Clet. pape.	4	50	7	6	7	37	11	8
27	lundi.	s. Polycarpe.	4	48	7	8	8	30	—	
28	mardi.	s. Vital, martyr.	4	46	7	9	9	31	0	6
29	mercr.	s. Léger.	4	45	7	11	10	39	0	56
30	jeudi.	s. Eutrope, évêque.	4	43	7	12	11	50	1	39

MAI. (Les Gémeaux).

P. L. le 6, à 6 heures 46 minutes du soir.
D. Q. le 14, à 5 heures 24 minutes du soir.
N. L. le 22, à 6 heures 45 minutes du matin.
P. Q. le 28, à 11 heures 51 minutes du soir.

JOURS du mois.	JOURS de la semaine.	NOMS DES SAINTS.	LEVER du soleil.		COUCHER du soleil.		LEVER de la lune.		COUCHER de la lune.	
			h	m	h	m	h	m	h	m
1	vendr.	s. Philippe et S. Jac.	4	41	7	14	1 soir.	3	2 matin.	16
2	samedi	s. Athanase, évêque.	4	39	7	15	2	17	2	49
3	Dim.	l'Invent. de la Croix.	4	38	7	17	3	30	3	19
4	lundi.	ste Monique, veuve.	4	36	7	18	4	42	3	47
5	mardi.	s. Sardos, évêque.	4	34	7	19	5	53	4	15
6	mercr.	s. Jean Porte-Lat.	4	33	7	21	7	2	4	44
7	jeudi.	s. Théodard.	4	31	7	22	8	9	5	16
8	vendr.	l'Apparition de s. M.	4	30	7	24	9	11	5	52
9	samedi	s. Grég. de Nazian.	4	28	7	25	10	8	6	32
10	Dim.	s. Mamert.	4	27	7	26	10	59	7	16
11	lundi.	s. Affric ou Africain.	4	25	7	28	11	44	8	5
12	mardi.	s. Epiphane, év.	4	24	7	29	—		8	59
13	mercr.	s. Onésime.	4	23	7	31	0 matin.	23	9	56
14	jeudi.	s. Paschal, pape.	4	21	7	32	0	57	10	55
15	vendr.	s. Isidore.	4	20	7	33	1	27	11	56
16	samedi	s. Honoré, évêque.	4	19	7	34	1	54	0 soir.	58
17	Dim.	s. Torpet, évêque.	4	17	7	36	2	20	2	2
18	lundi.	*Les Rogations.*	4	16	7	37	2	45	3	8
19	mardi.	s. Célestin.	4	15	7	38	3	11	4	16
20	mercr.	s. Yves.	4	14	7	40	3	39	5	26
21	jeudi.	ASCENSION.	4	13	7	41	4	10	6	38
22	vendr.	ste Quitterie.	4	12	7	42	4	46	7	49
23	samedi	s. Didier.	4	11	7	43	5	29	8	57
24	Dim.	s. Donatien, mart.	4	10	7	45	6	21	10	0
25	lundi.	s. Urbain, pape.	4	9	7	46	7	21	10	55
26	mardi.	s. Camille, martyr.	4	8	7	47	8	28	11	44
27	mercr.	s. Jean, pape.	4	7	7	48	9	40	—	
28	jeudi.	s. Germain, évêque.	4	6	7	49	10	53	0 matin.	19
29	vendr.	s. Maximin.	4	5	7	50	0 soir.	6	0	52
30	samedi	s. Félix, pape.	4	4	7	51	1	18	1	23
31	Dim.	PENTECOTE.	4	3	7	52	2	30	1	52

JUIN. (L'Écrevisse).

P. L. le 5, à 7 heures 4 minutes du matin.
D. Q. le 13, à 10 heures 23 minutes du matin.
N. L. le 20, à 2 heures 54 minutes du soir.
P. Q. le 27, à 6 heures 0 minute du matin.

JOURS du mois.	JOURS de la semaine.	NOMS DES SAINTS.	LEVER du soleil.		COUCHER du soleil.		LEVER de la lune.		COUCHER de la lune.	
			h	m	h	m	h	m	h	m
1	lundi.	s. Pamphile.	4	3	7	53	3 *soir*	41	2 *matin*	20
2	mardi.	s. Pothin.	4	2	7	54	4	50	2	48
3	mercr.	Quatre-Temps.	4	2	7	55	5	57	3	17
4	jeudi.	s. Quérin, évêque.	4	1	7	56	7	0	3	50
5	vendr.	s. Alithe, évêque.	4	0	7	56	7	59	4	28
6	samedi	s. Norbert, évêque.	4	0	7	57	8	53	5	10
7	Dim.	La Trinité.	4	0	7	58	9	41	5	57
8	lundi.	s. Médard.	3	59	7	59	10	23	6	48
9	mardi.	ste Pélagie.	3	59	7	59	10	58	7	43
10	mercr.	s. Gabriel.	3	59	8	0	11	29	8	42
11	jeudi.	La Fête-Dieu.	3	58	8	1	11	57	9	43
12	vendr.	s. Onuphre.	3	58	8	1	——		10	45
13	samedi	s. Antoine de Pad.	3	58	8	2	0 *matin*	23	11	47
14	Dim.	s. Quintin, évêque.	3	58	8	2	0	48	0 *soir*	51
15	lundi.	ste Germaine de Pib.	3	58	8	3	1	12	1	57
16	mardi.	s. Ilpid, martyr.	3	58	8	3	1	38	3	5
17	mercr.	s. Avit, abbé.	3	58	8	4	2	7	4	15
18	jeudi.	ste Marine, vierge.	3	58	8	4	2	44	5	26
19	vendr.	ss. Gervais et Protais	3	58	8	4	3	21	6	37
20	samedi	ste Sophie.	3	58	8	5	4	8	7	44
21	Dim.	s. Rodolphe.	3	58	8	5	5	5	8	45
22	lundi.	s. Paulin, évêque.	3	58	8	5	6	11	9	37
23	mardi.	Vigile et Jeûne.	3	59	8	5	7	23	10	20
24	mercr.	s. Jean-Baptiste.	3	59	8	5	8	38	10	56
25	jeudi.	s. Maxime.	3	59	8	5	9	54	11	28
26	vendr.	ss. Jean et Paul, m.	4	0	8	5	11	9	11	57
27	samedi	s. Crescent.	4	0	8	5	0 *soir*	22	——	
28	Dim.	s. Irénée.	4	1	8	5	1	32	0 *matin*	25
29	lundi.	ss. Pierre et Paul.	4	1	8	5	2	40	0	53
30	mardi.	Comm. de s. Paul.	4	2	8	5	3	47	1	21

JUILLET. (Le Lion).

P. L. le 4 , à 8 heures 49 minutes du soir.
D. Q. le 13 , à 0 heure 50 minutes du matin.
N. L. le 19 , à 10 heures 6 minutes du soir.
P. Q. le 26 , à 2 heures 1 minute du soir.

JOURS du mois.	JOURS de la semaine.	NOMS DES SAINTS.	LEVER du soleil.		COUCHER du soleil.		LEVER de la lune.		COUCHER de la lune.	
			h	m	h	m	h	m	h	m
1	mercr.	s. Martial , évêque.	4	2	8	5	4 soir.	51	1 matin.	52
2	jeudi.	*Visitation de N. D.*	4	3	8	4	5	51	2	27
3	vendr.	s. Anatole , évêque.	4	4	8	4	6	47	3	7
4	samedi	ste Berthe.	4	4	8	3	7	37	3	52
5	Dim.	ste Zoé , martyre.	4	5	8	3	8	21	4	41
6	lundi.	s. Tranquillin.	4	6	8	2	8	59	5	35
7	mardi.	s. Thomas , évêque.	4	7	8	2	9	32	6	33
8	mercr.	s. Boniface.	4	8	8	1	10	1	7	33
9	jeudi.	Les 7 Frères , mart.	4	8	8	1	10	27	8	34
10	vendr.	ste Victoire.	4	9	8	0	10	52	9	35
11	samedi	s. Benoît , abbé.	4	10	7	59	11	16	10	38
12	Dim.	s. Viventiol , évêque.	4	11	7	59	11	41	11	42
13	lundi.	s. Turias , évêque.	4	12	7	58			0 soir.	48
14	mardi.	s. Bonaventure , év.	4	13	7	57	0 matin.	8	1	55
15	mercr.	s. Henri.	4	14	7	56	0	38	3	4
16	jeudi.	N. D. du Mont-Car.	4	15	7	55	1	13	4	14
17	vendr.	ste Marceline , vierge.	4	16	7	55	1	56	5	22
18	samedi	s. Thomas d'Aquin.	4	18	7	54	2	48	6	26
19	Dim.	s. Vincent de Paul.	4	19	7	53	3	49	7	23
20	lundi.	ste Marguerite.	4	20	7	52	4	58	8	12
21	mardi.	s. Victor , martyr.	4	21	7	50	6	14	8	53
22	mercr.	ste Marie-Madeleine.	4	22	7	49	7	33	9	28
23	jeudi.	s. Appollinaire.	4	24	7	48	8	51	9	59
24	vendr.	ste Sigolène , d'Albi.	4	25	7	47	10	7	10	28
25	samedi	s. Jacques Zébédée.	4	26	7	46	11	20	10	56
26	Dim.	ste Anne.	4	27	7	45	0 soir.	31	11	25
27	lundi.	s. Ours.	4	28	7	43	1	39	11	56
28	mardi.	s. Nazaire.	4	30	7	42	2	44		
29	mercr.	ste Marthe.	4	31	7	41	3	46	0 matin.	30
30	jeudi.	s. Ignace de Loyola.	4	32	7	39	4	43	1	8
31	vendr.	s. Germain , évêque.	4	33	7	38	5	34	1	51

AOUT. (La Vierge).

P. L. le 3, à 0 heure 1 minute du soir.
D. Q. le 11, à 0 heure 38 minutes du soir.
N. L. le 18, à 5 heures 21 minutes du matin.
P. Q. le 25, à 0 heure 56 minutes du matin.

JOURS du mois.	JOURS de la semaine.	NOMS DES SAINTS.	LEVER du soleil.		COUCHER du soleil.		LEVER de la lune.		COUCHER de la lune.	
			h	m	h	m	h	m	h	m
1	samedi	s. Pierre ès-liens.	4	35	7	36	6	20 soir.	2	39 matin.
2	Dim.	s. Etienne, pape.	4	36	7	35	7	0	3	31
3	lundi.	l'Inv. du corps s. Et.	4	37	7	33	7	35	4	27
4	mardi.	s. Dominique, prêt.	4	39	7	32	8	5	5	25
5	mercr.	s. Memie, évêque.	4	40	7	30	8	32	6	26
6	jeudi.	Transfig. de N. S.	4	42	7	29	8	57	7	28
7	vendr.	s. Gaétan.	4	43	7	27	9	21	8	30
8	samedi	s. Marin, martyr.	4	44	7	25	9	45	9	32
9	Dim.	s. Romain, martyr.	4	46	7	24	10	10	10	35
10	lundi.	s. Laurent, martyr.	4	47	7	22	10	38	11	40
11	mardi.	ste Claire, abbesse.	4	48	7	20	11	10	0	47 soir.
12	mercr.	s. Euple, martyr.	4	50	7	19	11	48	1	55 soir.
13	jeudi.	ste Radegonde, veuve	4	51	7	17			3	2
14	vendr.	Vigile et Jeûne.	4	53	7	15	0	34 matin.	4	6
15	samedi	ASSOMPTION.	4	54	7	13	1	29	5	5
16	Dim.	s. Roch.	4	55	7	12	2	34	5	58
17	lundi.	s. Mammés, martyr.	4	57	7	10	3	46	6	44
18	mardi.	ste Hélène.	4	58	7	8	5	4	7	23
19	mercr.	s. Louis, évêque.	5	0	7	6	6	24	7	57
20	jeudi.	s. Bernard, abbé.	5	1	7	4	7	43	8	27
21	vendr.	s. Privat, évêque.	5	3	7	2	9	0	8	56
22	samedi	s. Symphorien, m.	5	4	7	0	10	15	9	26
23	Dim.	s. Sidoine.	5	6	6	58	11	26	9	57
24	lundi.	s. Barthélemi, apôt.	5	7	6	56	0	34 soir.	10	30
25	mardi.	s. Louis, roi de Fr.	5	8	6	54	1	38	11	7
26	mercr.	s. Zéphirin, pape.	5	10	6	52	2	37	11	49
27	jeudi.	s. Césaire, évêque.	5	11	6	50	3	31		
28	vendr.	s. Augustin, évêque	5	12	6	48	4	19	0	35 matin.
29	samedi	s. Médéri.	5	14	6	46	5	0	1	26
30	Dim.	s. Julien, martyr.	5	15	6	44	5	36	2	21
31	lundi.	s. Raymond.	5	17	6	42	6	8	3	19

SEPTEMBRE. (La Balance).

P. L. le 2, à 4 heures 7 minutes du matin.
D. Q. le 9, à 10 heures 13 minutes du soir.
N. L. le 16, à 1 heure 29 minutes du soir.
P. Q. le 23, à 3 heures 31 minutes du soir.

JOURS du mois.	JOURS de la semaine.	NOMS DES SAINTS.	LEVER du soleil.		COUCHER du soleil.		LEVER de la lune.		COUCHER de la lune.	
			h	m	h	m	h	m	h	m
1	mardi.	s. Loup, évêque.	5	18	6	40	6	soir. 36	4	matin. 19
2	mercr.	s. Lazare.	5	20	6	38	7	1	5	20
3	jeudi.	s. Grégoire, pape.	5	21	6	36	7	25	6	22
4	vendr.	s. Frédald, évêque.	5	22	6	34	7	49	7	25
5	samedi	s. Bertin, abbé.	5	24	6	32	8	14	8	29
6	Dim.	s. Eugène, évêque.	5	25	6	30	8	41	9	34
7	lundi.	ste Carissime.	5	27	6	28	9	11	10	39
8	mardi.	NATIV. DE LA S. V.	5	28	6	26	9	46	11	45
9	mercr.	s. Omer, évêque.	5	29	6	24	10	28	0	soir. 50
10	jeudi.	s. Salvi, évêque.	5	31	6	22	11	17	1	soir. 54
11	vendr.	s. Patient, évêque.	5	32	6	20	—	—	2	54
12	samedi	s. Serdot, évêque.	5	34	6	17	0	matin. 15	3	48
13	Dim.	s. Maurille, évêque.	5	35	6	15	1	matin. 22	4	36
14	lundi.	Exalt. Ste-Croix.	5	37	6	13	2	matin. 36	5	17
15	mardi.	s. Nicodème.	5	38	6	11	3	54	5	52
16	mercr.	*Quatre-Temps*.	5	39	6	9	5	13	6	24
17	jeudi.	s. Lambert.	5	41	6	7	6	32	6	54
18	vendr.	s. Jean Chrysostôme.	5	42	6	5	7	50	7	23
19	samedi	s. Janvier, évêque.	5	44	6	3	9	5	7	54
20	Dim.	s. Camille, pape.	5	45	6	0	10	17	8	27
21	lundi.	s. Mathieu, apôtre.	5	47	5	58	11	25	9	3
22	mardi.	Tr. de s. Clair.	5	48	5	56	0	soir. 28	9	44
23	mercr.	ste Thècle, martyre.	5	49	5	54	1	soir. 24	10	29
24	jeudi.	s. Rustic, évêque.	5	51	5	52	2	14	11	19
25	vendr.	s. Firmin, évêque.	5	52	5	50	2	58	—	—
26	samedi	ste Justine, vierge.	5	54	5	48	3	36	0	matin. 13
27	Dim.	ss. Cosme et Dam.	5	55	5	46	4	9	1	matin. 10
28	lundi.	s. Exupère, évêque.	5	57	5	43	4	38	2	matin. 10
29	mardi.	s. Michel.	5	58	5	41	5	4	3	11
30	mercr.	s. Jérôme, docteur.	6	0	5	39	5	99	4	13

OCTOBRE. (Le Scorpion).

P. L. le 1, à 8 heures 7 minutes du soir.
D. Q. le 9, à 6 heures 23 minutes du matin.
N. L. le 15, à 11 heures 11 minutes du soir.
P. Q. le 23, à 9 heures 52 minutes du matin.
P. L. le 31, à 11 heures 15 minutes du matin.

JOURS du mois.	JOURS de la semaine.	NOMS DES SAINTS.	LEVER du soleil.		COUCHER du soleil.		LEVER de la lune.		COUCHER de la lune.	
			h	m	h	m	h	m	h	m
1	jeudi.	s. Rémi, évêque.	6	1	5	37	5 soir.	54	5 matin.	16
2	vendr.	ss. Anges gardiens.	6	3	5	35	6	19	6	20
3	samedi	s. Cyprien.	6	4	5	33	6	45	7	25
4	Dim.	N.-D. du Rosaire.	6	6	5	31	7	14	8	31
5	lundi.	s. Placide, martyr.	6	7	5	29	7	47	9	38
6	mardi.	s. Bruno, moine.	6	8	5	27	8	25	10	45
7	mercr.	ste Julie, vierge.	6	10	5	25	9	10	11	50
8	jeudi.	Tr. du c. de S. Salvi	6	12	5	23	10	5	0 soir.	50
9	vendr.	s. Denis et ses comp.	6	13	5	21	11	8	1	44
10	samedi	s. Pinyte, évêque.	6	15	5	19	—		2	31
11	Dim.	s. Nicaise, prêtre.	6	16	5	16	0 matin.	18	3	12
12	lundi.	ste Spérie, vierge.	6	18	5	14	1	32	3	48
13	mardi.	s. Géraud.	6	19	5	12	2	48	4	21
14	mercr.	s. Donatien, évêque	6	21	5	10	4	5	4	51
15	jeudi.	ste Thérèse, vierge.	6	22	5	9	5	22	5	20
16	vendr.	s. Gat, abbé.	6	24	5	7	6	39	5	50
17	samedi	s. Héron, évêque.	6	25	5	5	7	54	6	21
18	Dim.	s. Luc, évangéliste.	6	27	5	3	9	6	6	56
19	lundi.	s. Pierre d'Alcantara	6	28	5	1	10	13	7	36
20	mardi.	s. Arthème, martyr.	6	30	4	59	11	14	8	20
21	mercr.	ste Ursule, vierge.	6	32	4	57	0 soir.	8	9	9
22	jeudi.	s. Lubin, abbé.	6	33	4	55	0	55	10	2
23	vendr.	s. Théodoric.	6	35	4	53	1	36	10	59
24	samedi	s. Hilaire, évêque.	6	36	4	51	2	11	11	58
25	Dim.	ss. Crépin et Crépi.	6	38	4	50	2	41	—	
26	lundi.	s. Félicissime, conf.	6	39	4	48	3	8	0 matin.	59
27	mardi.	s. Frumence, év.	6	41	4	46	3	33	2	1
28	mercr.	ss. Simon et Jude.	6	43	4	44	3	57	3	4
29	jeudi.	s. Narcisse, évêque.	6	44	4	43	4	22	4	8
30	vendr.	s. Marcel, martyr.	6	46	4	41	4	48	5	13
31	samedi	Vigile et Jeûne.	6	47	4	39	5	16	6	20

NOVEMBRE. (Le Sagittaire).

D. Q. le 7, à 1 heure 56 minutes du soir.
N. L. le 14, à 11 heures 5 minutes du matin.
P. Q. le 22, à 6 heures 56 minutes du matin.
P. L. le 30, à 1 heure 10 minutes du matin.

JOURS du mois.	JOURS de la semaine.	NOMS DES SAINTS.	LEVER du soleil.		COUCHER du soleil.		LEVER de la lune.		COUCHER de la lune.	
			h	m	h	m	h	m	h	m
1	Dim.	LA TOUSSAINT.	6	49	4	38	soir. 5	47	matin. 7	28
2	lundi.	*Comm. des Morts.*	6	51	4	36	6	23	8	36
3	mardi.	s. Flour, évêque.	6	52	4	34	7	7	9	42
4	mercr.	s. Charles Borromée	6	54	4	33	8	0	10	44
5	jeudi.	ste Martianne.	6	55	4	31	9	0	11	41
6	vendr.	s. Amans, évêque.	6	57	4	30	10	6	soir. 0	31
7	samedi	s. Amaraud, évêq.	6	59	4	28	11	17	1	14
8	Dim.	Octave des Saints.	7	0	4	27	—	—	1	51
9	lundi.	s. Mathurin.	7	2	4	25	matin. 0	32	2	23
10	mardi.	s. Léon-le-Grand.	7	4	4	24	1	48	2	52
11	mercr.	s. Martin, évêque.	7	5	4	23	3	3	3	20
12	jeudi.	s. Vrain, évêque.	7	7	4	21	4	18	3	48
13	vendr.	s. Dalmase, évêque.	7	8	4	20	5	32	4	18
14	samedi	s. Claude.	7	10	4	19	6	45	4	51
15	Dim.	s. Didier, évêque.	7	11	4	18	7	54	5	28
16	lundi.	s. Othmar, abbé.	7	13	4	17	8	59	6	10
17	mardi.	s. Agnan, évêque.	7	15	4	15	9	58	6	57
18	mercr.	s. Odon, abbé.	7	16	4	14	10	50	7	49
19	jeudi.	ste Elisabeth.	7	18	4	13	11	34	8	45
20	vendr.	s. Mexence.	7	19	4	12	soir. 0	11	9	44
21	samedi	*La Présentation.*	7	21	4	11	0	43	10	45
22	Dim.	ste Cécile.	7	22	4	10	1	11	11	46
23	lundi.	s. Clément, pape.	7	24	4	9	1	36	—	—
24	mardi.	s. Chrysogone.	7	25	4	9	2	0	matin. 0	48
25	mercr.	s. Alain, évêque.	7	26	4	8	2	24	1	51
26	jeudi.	s. Lin, pape et m.	7	28	4	7	2	49	2	55
27	vendr.	s. Vital.	7	29	4	6	3	16	4	2
28	samedi	s. Mensuel, évêque.	7	31	4	6	3	46	5	11
29	Dim.	*L'Avent.*	7	32	4	5	4	20	6	21
30	lundi.	s. André, apôtre.	7	33	4	4	5	1	7	30

DÉCEMBRE. (Le Capricorne).

D. Q. le 6, à 9 heures 43 minutes du soir.
N. L. le 14, à 1 heure 43 minutes du matin.
P. Q. le 22, à 4 heures 37 minutes du matin.
P. L. le 29, à 1 heure 57 minutes du soir.

JOURS du mois.	JOURS de la semaine.	NOMS DES SAINTS.	LEVER du soleil.		COUCHER du soleil.		LEVER de la lune.		COUCHER de la lune.	
			h	m	h	m	h	m	h	m
1	mardi.	s. Eloi.	7	35	4	4	5	soir. 50	8	matin. 36
2	mercr.	s. François-Xavier.	7	36	4	3	6	49	9	37
3	jeudi.	s. Théodule.	7	37	4	3	7	55	10	31
4	vendr.	ste Barbe.	7	38	4	3	9	6	11	16
5	samedi	s. Sabas.	7	40	4	2	10	21	11	54
6	Dim.	2e *Dim. de l'Avent.*	7	41	4	2	11	37	0	soir. 27
7	lundi.	s. Serf, martyr.	7	42	4	2	—	—	0	57
8	mardi.	La Conception.	7	43	4	1	0	matin. 51	1	25
9	mercr.	s. Cyr, évêque.	7	44	4	1	2	3	1	52
10	jeudi.	ste Eulalie.	7	45	4	1	3	16	2	20
11	vendr.	s. Fuscien.	7	46	4	1	4	29	2	51
12	samedi	s. Diogénien.	7	47	4	1	5	39	3	25
13	Dim.	3e *Dim. de l'Avent.*	7	48	4	1	6	45	4	3
14	lundi.	s. Nicaise.	7	49	4	1	7	46	4	47
15	mardi.	s. Mesmin.	7	49	4	2	8	41	5	38
16	mercr.	*Quatre-Temps.*	7	50	4	2	9	29	6	33
17	jeudi.	ste Olympe.	7	51	4	2	10	10	7	31
18	vendr.	s. Gratien.	7	52	4	2	10	44	8	31
19	samedi	ste Meuris.	7	52	4	3	11	13	9	32
20	Dim.	4e *Dim. de l'Avent.*	7	53	4	3	11	39	10	34
21	lundi.	s. Thomas, apôtre.	7	53	4	4	0	soir. 3	11	37
22	mardi.	s. Honorat.	7	54	4	4	0	27	—	—
23	mercr.	ste Victoire.	7	54	4	5	0	50	0	matin. 39
24	jeudi.	Vigile et Jeûne.	7	55	4	5	1	15	1	42
25	vendr.	NOEL.	7	55	4	6	1	43	2	48
26	samedi	s. Etienne, martyr.	7	55	4	7	2	15	3	57
27	Dim.	s. Jean, évangéliste.	7	56	4	8	2	52	5	7
28	lundi.	Les Saints Innocents.	7	56	4	8	3	37	6	16
29	mardi.	s. Trophisme.	7	56	4	9	4	33	7	21
30	mercr.	s. Sabin, évêque.	7	56	4	10	5	38	8	19
31	jeudi.	s. Sylvestre, pape.	7	56	4	11	6	50	9	10

AVANT-PROPOS.

Pour la seconde fois, nous offrons au public nos *indications météorologiques* — des prévisions pour le temps.

On sait aujourd'hui si c'est là un rêve ou une réalité.

L'année 1867 est encore loin de sa fin, et déjà les indications que nous avons fournies pour cette année même, il y a plus d'un an, sont jugées.

Nous pourrions en apporter bien des preuves, mais à quoi bon ? On a toujours vu qu'une chose bonne nè peut manquer de faire son chemin, et qu'une chose mauvaise ne peut durer quelque peine que l'on se donne pour son établissement. Aussi pour ce qui est de prouver, en détail, toute la justesse de nos indications, nous n'en ferons rien : le public sait apprécier lui-même.

Mais nous avons dit qu'elles sont jugées; on n'a, pour s'en convaincre et voir le jugement qui a été porté, on n'a, disons-nous, qu'à lire les divers articles publiés par les journaux à ce sujet; et surtout ce que disait M. Béléguic, savant officier de la marine française et météorologue des plus distingués, dans le *Toulonnais* du 5 mars dernier.

M. Béléguic s'exprimait ainsi à propos de nos indications météorologiques, que nous avions eu l'honneur de lui adresser, comme à l'homme le plus compétent pour en juger :

« Mon cher Directeur,

» L'article variétés — un *Ouragan* — de votre numéro de jeudi, 14 février, me remet à cheval sur un de mes *dadas*, et je me laisse aller à chevaucher au travers du pays de l'imagination et des *desiderata*, vous laissant à décider s'il vous semble utile de faire part aux lecteurs du *Toulonnais* de ce que je vous écris.

» Je recevais, il y a bientôt trois mois, avec une très-aimable lettre de l'auteur, une toute petite brochure : *Le Vrai indicateur du temps,* pour l'année 1867, par J. Laugé, de Saint-Paul (Tarn).

» En accusant réception de l'envoi, je promettais à l'auteur d'observer si les temps *prédits* pour la Manche concordaient avec les temps *réels*, et de dire franchement la vérité.

» Très-porté à croire avec l'évangile qu'il n'y a rien de caché qui ne doive être découvert — cherchez et vous trouverez — je ne puis me défendre, malgré les railleries de quelques-uns de mes amis, de croire que la prévision du temps va passer à l'état de science positive. Aussi, bien loin de me plaindre des nuées de *prédiseurs* qu'ont fait naître les succès de feu Mathieu (de la Drôme), je m'en réjouis, croyant les temps venus. Mathieu (de la Drôme) ayant puissamment contribué à pousser les chercheurs dans cette voie, j'étais déjà persuadé que l'avenir lui en tiendrait compte; maintenant cette persuasion s'est encore affermie.

» Lisez les quelques lignes suivantes des prévisions pour février 1867, extraites de la brochure de M. J. Laugé, et peut-être comprendrez-vous ma persuasion. Peut-être serez-vous même ébranlé, quels qu'aient pu être vos doutes et votre opinion antérieure à ce sujet :

« Le 3, dans la matinée, pluvieux et froid
» au nord de l'Espagne et au midi de la France.

» Le 5, un fort mauvais temps commencera
» à se faire sentir sur divers points au nord de
» la France, sur la Manche et le Midi de l'An-
» gleterre.

» Le 6, le mauvais temps continuera aux
» mêmes lieux en s'étendant un peu plus vers
» le nord. Il sévira aussi au midi de l'Espagne.

» Le 7, grands mauvais temps au nord de
» l'Angleterre, sur la mer du Nord et la Bal-
» tique. Mauvais temps aussi au midi de la
» France, au nord de l'Espagne, dans la Mé-
» diterranée et au nord de l'Adriatique.

» Le 8, les mauvais temps gagneront tout le
» centre de la France, ils continueront sur la
» Baltique.

» Pendant ces quelques jours, les mauvais
» temps seront assez généraux.

» Le 13, dans la soirée, nouvelles pluies au
» nord et au midi de la France. Grands vents.
» Orages en Italie et sur l'Adriatique.

» Le 14, dans la soirée surtout, nouveaux
» mauvais temps dans la Manche, le nord de
» la France et sur la zone de Rochefort à Nice.
» Des pluies continueront à tomber au nord de
» l'Italie.

» Le 15, le mauvais temps sévira encore aux
» mêmes lieux.

» Le 16, il s'étendra un peu plus vers le
» sud. Orages en Italie. »

» Pour ce qui concerne la Manche, toutes ces
prévisions se sont réalisées et les journaux des

diverses régions citées semblent confirmer qu'il en a été de même partout.

» Or, pour décembre 1866 et janvier 1867, il en avait été de même encore, excepté pour un seul fait, dans la Manche, la tempête du 5 au 6 janvier, fait grave d'ailleurs, que j'ai signalé à l'auteur du *Vrai indicateur du temps*. M. Laugé a répondu qu'avant d'avoir reçu ma lettre, il avait repassé ses calculs pour cette période de janvier et reconnu l'erreur commise. Seul à opérer, le temps lui manque, et certaines choses lui échappent; mais les *Lois* indiquaient le mauvais temps.

» Les *Lois*, c'est le mot propre; rien de personnel dans les prévisions de M. J. Laugé; son expérience individuelle n'y est pour rien. Tout est soumis à des *Lois* qu'il a trouvées et dont chacun peut se servir; c'est une affaire de calculs et de temps à y consacrer; dès-lors c'est de la science positive. Bientôt nous verrons bien. Constatons, en attendant, ce qui arrive.

» Le père Secchi, directeur de l'Observatoire de Rome, fait remarquer que, grâce à la télégraphie électrique, les désastres des 14 et 15 janvier auraient pu être évités en Italie, Naples et environs surtout, attendu que les mauvais temps qui règnent en Irlande, arrivent toujours en 48 heures sur l'Italie, mais en 48 heures seulement. On aurait donc le temps d'être prévenu. *Prévenir* quelques 36 ou 48 heures à l'avance est *bon;* et les navires dans les ports peuvent profiter de l'avis, et quelques-uns de ceux qui se trouvent à proximité des côtes, pourront lire les dépêches ou voir les signaux. *Prévoir* longtemps à l'avance est beaucoup *mieux,* ainsi que nous l'avons déjà écrit dans ces colonnes.

» Or, voici ce qu'on lit dans le *Vrai indicateur du temps* pour les 13 et 14 janvier 1867 :

» Le 13, pluies au midi de l'Espagne et sur
» les côtes de l'Algérie. Autres pluies au midi
» de l'Angleterre, sur la Manche et la mer du
» Nord. De grands vents sont à craindre aux
» mêmes lieux.

» Le 14, mauvais temps en Irlande, sur le
» centre de l'Angleterre et la mer du Nord.
» Mauvais temps aussi sur le centre de l'Espa-
» gne, la Méditerranée et le *midi* de l'Italie. »

» C'est ce qui a eu lieu, ainsi que le constate le P. Secchi; et remarquez que ce mauvais temps règnait en Italie en même temps qu'en Irlande.

» Au reste, si on consulte les journaux des divers points pour lesquels le temps est indiqué *mauvais* dans le *Vrai indicateur* de M. J. Laugé, on ne peut qu'être au moins surpris de trouver, 19 fois sur 20, les temps *réels* concordant avec les temps *prédits*. Il est difficile de croire que le hasard puisse faire obtenir pareil résultat; il y faut évidemment des *Lois*. Ces lois, quelles sont-elles ? Sont-elles simples et d'une facile application ? L'année prochaine nous le verrons puisqu'on doit les publier.* A

* J'aurais été heureux de pouvoir répondre, dès cette année, au désir exprimé par M. Béléguic, qui est aussi celui d'un grand nombre de personnes; aussi je regrette vivement que les travaux auxquels j'ai dû me livrer ne me l'aient pas permis. Je prends, du reste, mes mesures pour que la publication des lois qui servent de base à mes calculs pour la prescience du temps, ait lieu très-prochainement.

(Note de l'auteur.)

l'année prochaine donc, et espérance en l'avenir. Puisqu'on a trouvé le moyen de peser les planètes, véritables points dans le ciel, placées à des millions de lieues de nous, à peine visibles à l'œil nu — même invisibles; — puisqu'on en est arrivé à prédire, à jour fixe, les éclipses, à calculer les orbes des comètes, les plus fantasques de tous les astres connus; à voir la comète de Biela se séparer en deux, et peu après nous faire ses adieux, pour toujours, il est probable, etc., etc.; pourquoi n'en viendrons-nous pas à prédire le temps sur notre petite terre? Vrai, il n'y a pas de raison de croire le contraire; et, quoique déjà vieux, j'espère bien voir la prévision du temps à longue échéance, acceptée de tous comme une science positive, *positive* et non *parfaite*, bien entendu; qui est parfait ?

» J'ai dit, mon cher directeur, et vous envoie mon salut cordial.

» E.-C. Béléguic. »

A une date plus récente, le 24 mai dernier, le *Journal de Nice* disait :

« Quelques coups de tonnerre ont été entendus, vers les 3 h. 1/2 du matin, dans la nuit du dimanche au lundi. L'orage paraissait sévir dans la première ceinture de montagnes qui entoure notre cité. Aujourd'hui nous avons quelques coups de mistral. Les prédictions de

M. Laugé, de Lavaur, pour le mois de mai, semblent devoir être en grande partie réalisées. »

Nous pourrions, si nécessaire était, multiplier ces citations, mais à quoi bon, puisque le public aussi a voulu se prononcer en faveur de nos indications, en leur faisant un empressé et bienveillant accueil ?

Cet accueil même fait à notre première publication nous faisait un devoir de donner, à celle-ci plus d'extension, plus de développements. Ce devoir, nous croyons l'avoir rempli; on trouvera, en effet, nos indications météorologiques de 1868 bien plus étendues que celles de 1867.

Comme l'année dernière, nous avons toujours indiqué la région où chaque fois le mauvais temps doit sévir. Nous maintenons que c'est là une des conditions les plus nécessaires de toute prévision, à laquelle on veut donner un cachet d'utilité et même un caractère de vraisemblance. Mais nous n'avons encore pu aborder la question des localités, comme on nous l'a souvent proposé. Les observations locales et le temps nous eussent également manqué. Cependant nous ne perdrons pas de vue que c'est encore là un progrès à réaliser.

On nous a reproché souvent de n'être qu'un prophète de malheur, attendu que nous n'indiquons toujours que le mauvais temps. A ce sujet nous ferons remarquer, comme nous avons déjà eu occasion de le faire l'année dernière, qu'en indiquant le mauvais temps nous indiquons aussi le beau, puisque, en effet, il demeure convenu que le temps sera beau partout et toujours quand le mauvais temps ne sera pas signalé.

Nous nous sommes efforcé de donner à nos calculs toute l'approximation, toute la justesse possibles. C'est là, en effet, que consiste toute la difficulté de la prescience du temps à jour et lieu fixes. Un tourbillon possédant en moyenne une vitesse de 70 à 80 kilomètres à l'heure, on comprendra facilement combien une erreur de quelques heures, de quelques minutes même dans l'instant de la formation du tourbillon, peut influer sur les résultats quant à la direction de ce même tourbillon et à l'instant de son arrivée dans telle ou telle région.

Malgré ces difficultés, nous espérons, cette année, avoir rempli notre tâche mieux que nous n'avions pu le faire l'année dernière : car, si les causes sont immuables, les moyens que nous pouvons employer pour apprécier les effets sont éminemment perfectibles. Comme toutes les autres sciences, la prescience du temps pourra donc marcher de progrès en progrès jusqu'à la perfection, et s'assurer ainsi sa place au premier rang des sciences les plus utiles à l'humanité.

St-Paul (Tarn), le 1ᵉʳ août 1867.

J. LAUGÉ.

INDICATIONS MÉTÉOROLOGIQUES

POUR LES MOIS DE NOVEMBRE ET DÉCEMBRE 1867.*

NOVEMBRE. **

—

Le 1er, pluvieux, froid, au centre et au nord de l'Espagne.

Le 2, encore pluvieux et froid dans les mêmes régions, ainsi qu'au midi de la France.

Le 3, quelques pluies tomberont sur le nord de l'Espagne et sur l'extrême sud de la France.

Le 4, un fort mauvais temps commencera à faire son apparition sur le midi de la France et s'étendra jusque sur le centre. Il sévira aussi sur le nord de l'Espagne et de la Méditerranée.

* Depuis l'année dernière, considérant comme un devoir pour nous de contrôler nos calculs, nous avons trouvé quelques erreurs qui ont un peu modifié les résultats fournis pour les mois de novembre et de décembre 1867. Nous croyons, pour cette raison, devoir donner les nouvelles indications pour ces mois, telles que nous les ont dictées les calculs que nous avons rectifiés. Le public, qui a les anciennes entre les mains, pourra apprécier et verra dans notre conduite, nous n'en doutons pas, une preuve de la sincérité avec laquelle nous procédons.

** La reproduction des indications pour les mois de novembre et décembre 1867 est autorisée.

Le 5, le mauvais temps se généralisera en France; il sévira plus particulièrement sur le centre et sur le nord.

Le 6, le mauvais temps règnera encore dans les mêmes régions et s'étendra jusque sur la Manche.

Le 7, quelques pluies arroseront le centre et le midi de l'Angleterre.

Le 9, pluies, en France, sur la zone de Bordeaux à Besançon. Une forte bourrasque apparaîtra sur le nord de la Baltique.

Le 10, les pluies se porteront sur le midi de l'Angleterre. Une autre ligne de pluies passera sur le midi de l'Espagne et sur les côtes de l'Algérie.

Le 11, quelques pluies arroseront le centre de l'Angleterre et le centre de l'Espagne. Pluies aussi au midi de l'Italie.

Le 13, des pluies tomberont en France sur la zone de Nantes à Strasbourg. D'autres pluies passeront sur le nord de l'Espagne. Une bourrasque sera sur la Baltique, au nord de Stockolm.

Le 14, le mauvais temps fera sa réapparition sur le nord et le midi de la France et s'étendra aussi sur la Manche. Une forte bourrasque règnera toujours au nord de la Baltique.

Le 15, le mauvais temps se maintiendra dans les mêmes régions et s'étendra sur le nord de l'Italie et de l'Adriatique.

Le 16, couvert ou pluvieux, encore, sur le nord et le midi de la France. Pluies plus fortes sur le nord de l'Italie.

Le 20, pluies éparses sur le nord et le centre de la France.

Le 21, elles continueront sur le centre de la France et s'avanceront vers le midi. Une bourrasque règnera sur la Baltique à la latitude de Stockolm.

Le 22, pluvieux, couvert, sur le nord de l'Espagne et sur l'extrême-sud de la France.

Le 23, pluvieux, froid, sur le centre de l'Angleterre, sur le centre de l'Espagne et sur le midi de l'Italie.

Le 24, quelques pluies passeront sur le nord de la France.

Le 25, pluies plus fortes sur le centre de la France.

Le 26, les pluies arriveront sur le midi de la France et sur le nord de l'Italie.

Le 27, les pluies seront sur le nord de l'Espagne et encore sur le nord de l'Italie.

Le 28, une bourrasque passera sur le nord de l'Espagne et sur la Méditerranée. Pluies au centre de l'Italie.

Le 29, la bourrasque de la veille sévira toujours dans les mêmes régions. Mauvais temps sur le centre de l'Italie.

Le 30, pluvieux, froid, sur le nord de l'Espagne.

Aperçu général.

Le mois de novembre sera en général mauvais et à redouter par les marins pendant à peu près toute la première dizaine et particulièrement le 4, le 5 et le 6, sur les côtes françaises de l'Océan, sur la Manche, le midi de la mer du Nord et de la Baltique, et enfin sur le nord de la Méditerranée.

Les deux autres dizaines seront en général plus belles; les journées qui paraissent devoir être les plus mauvaises pendant toute cette période sont celles du 14, du 15, du 20, du 21, du 25, du 26, du 28 et du 29.

La température se refroidira sensiblement vers le 23, et enfin vers la fin du mois.

DÉCEMBRE.

—

Le 1er, pluvieux sur le midi de la France.

Le 2, quelques pluies tomberont sur le centre de la France.

Le 3, elles se porteront sur le nord de la France.

Le 4, elles feront leur apparition sur le midi de l'Angleterre.

Le 5, quelques pluies arroseront le centre de l'Angleterre et le nord de l'Espagne.

Le 6, mauvais temps au midi de la France, au nord de l'Espagne et sur la Méditerranée. Forte bourrasque au nord des îles Britanniques, sur la mer du Nord et sur la Baltique à la latitude de Stockolm.

Le 7, le mauvais temps de la veille s'étendra sur le centre et le nord de la France jusque sur la Manche. Une forte bourrasque règnera encore sur le nord des îles Britanniques et de la Baltique.

Le 8, le mauvais temps se portera sur le midi de l'Angleterre et sur la mer du Nord. Une bourrasque passera sur le centre de l'Espagne, sur la Méditerranée, et abordera le midi de l'Italie. Une autre bourrasque apparaîtra dans les hautes latitudes.

Le 10, quelques pluies arroseront le centre de la France et le nord de l'Espagne. Nouvelle bourrasque au nord de la Baltique.

Le 11, mauvais temps particulièrement sur le midi et le nord de la France. Encore une forte bourrasque passera au nord de la Baltique.

Le 12, le mauvais temps règnera toujours dans les mêmes régions; mais il s'étendra aussi sur le centre de la France, sur la Manche et sur le midi de l'Angleterre.

Le 13, encore quelques pluies sur le nord et le midi de la France, ainsi que sur le nord de l'Italie et de l'Adriatique. La bourrasque des jours précédents continuera à sévir sur la Baltique.

Le 14, mauvais temps sur le nord de l'Espagne, sur l'extrême sud et le centre de la France, et sur la Méditerranée. Forte bourrasque au nord des îles Britanniques et de la mer du Nord.

Le 15, le mauvais temps continuera encore sur le nord de l'Espagne, sur le midi de la France, sur la Méditerranée, et s'étendra aussi au nord de l'Italie et de l'Adriatique. Une bourrasque sévira toujours sur la mer du Nord et sur la Baltique. Une seconde passera sur le midi de l'Espagne, sur la Méditerranée, et étendra son action jusqu'aux côtes de l'Algérie.

Le 16, le mauvais temps des jours précédents reparaîtra dans toutes les régions indiquées, en inclinant un peu vers le sud.

Le 17, quelques grains traverseront la Manche et le nord de la France. Une bourrasque passera dans les hautes latitudes.

Le 18, quelques pluies arroseront le centre de la France, en même temps qu'une bourrasque traversera la Baltique au nord de Stockolm.

Le 19, les pluies se porteront sur le midi de la France et sur le nord de l'Espagne, de la Méditerranée et de l'Italie. Une autre ligne de pluies apparaîtra sur le nord de l'Ecosse et de la mer du Nord.

Le 20, les pluies arriveront sur le centre de l'Angleterre et le midi de la mer du Nord. Une forte bourrasque apparaîtra sur le midi de l'Espagne et étendra son action sur la Méditerranée et sur les côtes de l'Algérie.

Le 21, une forte bourrasque abordera la Manche, le nord de la France et le midi de l'Angleterre.

Le 22, le mauvais temps de la veille se portera sur le centre de la France.

Le 23, quelques pluies arroseront le midi de la France.

Le 24, pluvieux sur le nord et le centre de l'Espagne.

Le 27, forte bourrasque sur le nord et le centre de l'Espagne et sur la Méditerranée.

Le 28, la bourrasque de la veille étendra son action au midi de la France et au nord de l'Italie.

Le 29, quelques pluies arroseront le centre de la France.

Le 30, elles se porteront sur le nord de la France, particulièrement sur la zone de Nantes à Metz.

Le 31, des pluies continueront à tomber sur le
nord de la France; elles s'étendront
sur la Manche et le midi de l'Angleterre.

Aperçu général.

Toute somme faite, le mois de décembre nous
promet peu de beaux jours.

Les marins auront à redouter de forts coups
de vent dans les régions et aux époques pour
lesquelles le mauvais temps est signalé.

Les périodes les plus redoutables seront celles
du 6 au 12 et du 14 au 18.

Quelques forts coups de vent se produiront
aussi pendant la troisième dizaine, les 21 et 22
et les 27 et 28, aux régions désignées dans les
indications journalières.

Pendant les autres périodes, les mauvais temps
seront en général peu intenses.

Les diverses chutes d'eau auront lieu sous
forme de pluie ou de neige selon les contrées
et la température.

J. LAUGÉ.

INDICATIONS MÉTÉOROLOGIQUES

POUR L'ANNÉE 1868. *

JANVIER.

—

Le 1er, une bourrasque passera sur le nord de l'Irlande, au midi de l'Ecosse, traversera la mer du Nord et abordera le midi de la Norwége. Au midi, une autre bourrasque, après avoir traversé le centre de l'Espagne, s'étendra sur la Méditerranée.

Le 2, pluies au nord de l'Espagne, dans tout le midi de la France et sur le nord de l'Italie. Une bourrasque passera sur le nord des Iles Britanniques et de la mer du Nord, et en même temps se fera sentir sur la Baltique, à la latitude de Stockolm.

Le 3, les pluies se porteront sur tout le nord de la France ; elles seront plus étendues et plus fortes que les jours précédents. La bourrasque de la veille sévira au nord de la Baltique.

* La reproduction des indications, pour toute l'année 1868, est formellement interdite.

Lé 4, le mauvais temps arrivera sur le midi de l'Angleterre et de la mer du Nord. Quelques pluies arroseront aussi le centre de l'Epagne. Encore une bourrasque dans les hautes latitudes.

Le 5, une bourrasque passera sur l'Ecosse, sur la mer du Nord et sur la Baltique, au sud de Stockolm. Une seconde sévira sur la Méditerranée, en Corse, dans la Sardaigne et sur les côtes de l'Algérie.

Le 6, mauvais temps au nord de l'Espagne, dans le golfe de Gascogne et sur le midi de la France. Forte bourrasque au nord de l'Angleterre, sur la mer du Nord et sur la Baltique. Une troisième bourrasque sévira encore sur la Méditerranée et le midi de l'Italie. Grands vents dans tous ces lieux.

Le 7, le mauvais temps de la veille continuera encore. Il sévira sur tout le nord et le midi de la France, sur les côtes de Norwége et le nord de la Baltique, et aussi sur le nord de l'Espagne, sur la Méditerranée et sur le nord de l'Italie.

Le 8, le mauvais temps règnera encore sur quelques points, dans la Manche, le nord et le midi de la France et dans le midi de l'Angleterre. Fortes pluies au nord de l'Italie et de l'Adriatique. Une bourrasque règnera toujours sur le nord de la Baltique.

Le 9, pluies, particulièrement sur le midi de l'Angleterre, et en France sur la zone de Bordeaux à Genève.

Le 10, une nouvelle bourrasque succèdera, au nord de la Baltique, à celles qui y règneront déjà depuis quelques jours. Quelques pluies arroseront le nord et le midi de la France.

Le 11, pluies au centre de la France et sur le nord de l'Espagne.

Le 12, une forte bourrasque passera sur le nord des îles Britanniques et abordera la mer du Nord, les côtes de Norwége et plus tard la Baltique. Au midi, mauvais temps sur le sud de la France, sur le nord et le midi de l'Espagne, sur la Méditerranée, au centre de l'Italie et sur les côtes de l'Algérie.

Le 13, le mauvais temps se portera sur l'Irlande, le centre et le midi de l'Angleterre, sur le midi de l'Espagne et sur le midi de l'Italie. Il continuera sur la Méditerranée et sur les côtes de l'Algérie.

Le 17, quelques pluies tomberont sur la Manche, le nord de la France et le midi de l'Angleterre.

Le 18, pluvieux ou couvert sur le centre de la France.

Le 20, pluie ou neige sur le nord de l'Espagne et sur l'extrême sud de la France.

Le 21, encore quelques pluies sur le nord de l'Espagne.

Le 23, une ligne de mauvais temps traversera le centre de l'Espagne et la Méditerranée, dans la direction de Rome.

Le 24, le mauvais temps de la veille se fera sentir encore sur quelques points des mêmes régions.

Le 25, pluies éparses au centre de la France,

Le 26, une nouvelle série de mauvais temps commencera à sévir; il abordera le centre et le nord de la France.

Le 27, les mauvais temps continueront au nord de la France et s'étendront sur la Manche.

Le 28, ils séviront encore, mais plus violents, sur la Manche et sur le midi de l'Angleterre, ainsi que sur la mer du Nord.

Le 29, ils se transporteront sur le centre et le nord de l'Angleterre, au nord de la mer du Nord et sur la Baltique, au sud de Stockolm. Une autre ligne de mauvais temps passera sur le centre et le nord de l'Espagne et dans la Méditerranée, dans la direction de l'île de Corse.

Le 30, le mauvais temps continuera à sévir au nord de l'Espagne et de la Méditerranée et s'étendra à tout le midi, et même au centre de la France, au nord de l'Italie et de l'Adriatique. Une forte bourrasque abordera le nord des îles Britanniques et de la mer du Nord, et la Baltique au nord de Stockolm.

Le 31, pluies éparses au centre et au nord de la France. Bourrasque dans les hautes latitudes.

Aperçu général.

Deux fortes séries de mauvais temps se feront principalement sentir pendant ce mois. La première, du 5 au 9, donnera de fréquentes averses, mais surtout de grands vents; pendant cette période, la mer sera mauvaise, particulièrement aux régions indiquées. La seconde, du 23 au 31, sera, comme on voit, beaucoup plus longue; elle donnera aussi de fortes pluies ou de grandes chûtes de neige; celles-ci principalement sur les Alpes et les autres montagnes de l'est de la France. Pendant cette période, le temps sera plus froid que dans la première, et il soufflera aussi de grands vents. Le 28, le 29 et le 30 seront probablement les journées les plus mauvaises et les plus à redouter par les marins.

Le 3 et le 4, le 12 et le 13 donneront des pluies abondantes aux régions indiquées. Les marins devront encore se tenir en garde contre ces journées-là, et contre le 12 et le 13 particulièrement.

La période du 14 au 23 nous donnera les plus beaux jours de ce mois.

FÉVRIER.

—

Le 1er, une bourrasque passera au nord de l'Irlande, en Ecosse et sur la mer du Nord, pendant qu'une seconde, après avoir traversé l'Espagne, abordera la Méditerranée, dans la direction de l'île de Corse.

Le 2, un fort mauvais temps fera son apparition sur le golfe de Gascogne, sur le midi de la France et sur le nord de l'Espagne et de la Méditerranée. Une forte bourrasque sévira sur le nord des îles Britanniques, sur la mer du Nord et sur les côtes de Norwége. Quelques grains passeront aussi sur le midi de l'Espagne et de la Méditerranée et sur les côtes de l'Algérie.

Le 3, le mauvais temps continuera toujours au midi de la France, sur le nord de l'Espagne, sur la Méditerranée, et s'étendra sur le midi et le centre de l'Italie. Une autre ligne de mauvais temps sévira sur tout le nord de la France où il sera très-étendu. Au nord, la bourrasque d'hier sévira toujours au nord de l'Ecosse et s'avancera sur la Baltique au nord de Stockolm.

Le 4, le mauvais temps ne discontinuera pas encore au midi et au nord de la France, et il étendra son action jusque sur la Manche. Fortes pluies en Italie et dans le golfe de Gênes. Le mauvais temps persistera toujours dans les régions boréales.

Le 5, mauvais temps encore aux mêmes lieux que la veille. En beaucoup d'endroits, forts coups de vent et giboulées accompagnées de grésil ou de grêle.

Le 6, mauvais temps comme la veille et aux mêmes lieux. Les giboulées ou coups de vent ne seront pas moins à redouter.

Le 7, quelques grains orageux traverseront encore le nord et le midi de la France, le nord de l'Espagne et de la Méditerranée, et aussi le nord de l'Italie. Une bourrasque passera dans les hautes latitudes.

Le 8, des grains traverseront le centre de l'Espagne, de la Méditerranée et de l'Italie. Il en passera quelques autres sur le midi de la France et sur le nord des îles Britanniques.

Le 9, encore quelques grains sur la Méditerranée et sur le midi de l'Italie.

Le 13, quelques pluies arroseront le midi de l'Angleterre.

Le 14, couvert ou pluvieux sur le nord de la France.

Le 18, bourrasque au nord de l'Espagne et sur la Méditerranée.

Le 19, mauvais temps encore au centre et au nord de l'Espagne et sur la Méditerranée. Il s'étendra jusqu'à l'extrême sud de la France.

Le 20, pluvieux ou pluie sur le nord de l'Espagne et le midi de la France.

Le 21, pluvieux, froid, au midi de la France.

Le 22, le temps de la veille se portera sur le nord de la France, particulièrement sur la zone de Nantes à Strasbourg.

Le 23, toujours temps variable au nord de la France ; couvert, pluvieux ou pluie par places.

Le 24, légères bourrasques au centre de l'Angleterre et au centre de l'Espagne.

Le 25, pluies au midi de la France, bourrasque sur la Baltique, à Stockolm.

Le 26, fortes pluies au nord de la France.

Le 27, bourrasque sur la Manche et pluies au nord de la France et au midi de l'Angleterre. Autre bourrasque dans les hautes latitudes.

Le 28, quelques grains traverseront encore le centre de l'Angleterre et de la mer du Nord, et aussi le centre de l'Espagne et de la Méditerranée.

Le 29, mauvais temps au nord et au midi de l'Espagne, sur la Méditerranée et le midi de l'Italie. Des grains passeront toujours au nord des îles Britanniques.

Aperçu général.

La période du 2 au 8 sera à redouter pour les marins, parce que de grands vents agiteront la mer, particulièrement la Manche, l'Océan, sur les côtes françaises, le golfe de Gascogne et la Méditerranée. Les derniers jours de cette période seront les plus mauvais : des ouragans éclateront en beaucoup d'endroits et y causeront de graves dégâts.

La période du 18 au 26 sera froide et humide. Pendant cette période, comme aussi pendant la première que j'ai signalée, les mauvais temps seront très-généraux et ne se concentreront pas probablement dans les régions indiquées ; il est à présumer qu'ils séviront un peu partout plus ou moins.

Les marins doivent s'attendre encore à quelques coups de vent pendant les premiers jours du 18 au 26.

Du 26 au 29, de fortes averses arroseront les lieux indiqués plus haut.

Les diverses chûtes d'eau auront encore lieu sous forme de pluie ou de neige, suivant les lieux et la température.

La période du 8 au 18 sera la plus belle, sauf les exceptions signalées pour les jours et les régions.

MARS.

—

Le 1ᵉʳ, le mauvais temps de la veille sévira sur le midi et le centre de la France et sur le centre de l'Espagne. Mauvais temps encore sur la Méditerranée et le midi de l'Italie. Une forte bourrasque abordera les côtes de la Norwége et le nord de la Baltique.

Le 2, le mauvais temps continuera encore sur quelques points au nord et au midi de la France, et sur le nord de l'Espagne et de la Méditerranée. Il règnera toujours en Italie. La bourrasque d'hier se portera plus au nord sur la Baltique.

Le 3, pluies éparses au nord et au midi de la France.

Le 4, aux mêmes lieux que la veille, nouvelles pluies accompagnées de forts coups de vent, qui étendront leur action jusque sur la Manche. Bourrasque sur les côtes de la Norwége et au nord de la Baltique.

Le 5, les pluies se porteront un peu plus vers le sud dans toutes les régions. Coups de vent sur les côtes françaises de l'Océan, sur la Méditerranée, et au nord et au midi de l'Italie. La bourrasque de la veille sévira toujours au nord de la Baltique.

Le 6, pluvieux ou couvert sur le midi de la France et sur le centre de l'Espagne. Nouvelles pluies au nord et au midi de l'Italie.

Le 7, quelques pluies passeront sur le nord des îles Britanniques, sur le midi de la France, sur le nord et le midi de l'Espagne et sur les côtes de l'Algérie.

Le 8, pluvieux, couvert sur le centre de l'Angleterre et sur le centre de l'Espagne.

Le 12, bourrasque sur les côtes de l'Algérie, pluies sur le midi de l'Angleterre, sur la Manche et sur l'extrême nord de la France.

Le 13, pluvieux sur le centre de la France.

Le 14, pluvieux ou couvert sur le midi de la France.

Le 15, le temps variable de la veille se portera sur le nord de l'Espagne. Sur le soir ou dans la nuit, une ligne de mauvais temps fera son apparition sur les côtes occidentales du Portugal et de l'Espagne.

Le 16, le mauvais temps, après avoir traversé l'Espagne, abordera la Méditerranée au nord des îles Baléares, et fera bientôt son apparition en Italie à la latitude de Rome.

Le 17, le mauvais temps sévira encore aux mêmes lieux, mais moins fort que la veille. Il sera au contraire plus violent sur l'Adriatique.

Le 18, quelques pluies tomberont sur le nord de l'Espagne.

Le 19, pluvieux sur le midi de la France.

Le 20, pluvieux encore sur la zone de Bordeaux à Grenoble.

Le 21, quelques pluies arroseront le nord de la France.

Le 22, pluies au midi de l'Angleterre, au midi de l'Espagne et sur les côtes de l'Algérie.

Le 23, pluies au nord de l'Espagne et sur le midi de la France. Bourrasque sur la mer du Nord et sur la Baltique, au sud de Stockolm.

Le 24, le mauvais temps fera sa réapparition sur le golfe de Gascogne, le midi de la France et le nord de l'Espagne. Forte bourrasque au nord des îles Britanniques, sur la mer du Nord et sur la Baltique un peu au nord de Stockolm.

Le 25, le mauvais temps se portera sur le centre et sur le nord de la France et s'étendra jusque sur la Manche. La bourrasque de la veille continuera à sévir au nord de la mer du Nord et de la Baltique.

Le 26, le mauvais temps, moins intense que les jours précédents, se fera sentir encore sur divers points du midi de l'Angleterre, sur la Manche et l'extrême nord de la France. Bourrasque dans les hautes latitudes. Grands vents au midi de la France.

Le 28, fortes pluies sur le midi de la France. Pluies aussi sur le centre de l'Espagne et sur la Méditerranée. Nouvelle bourrasque au nord des îles Britanniques, sur la mer du Nord et sur la Baltique.

Le 29, quelques pluies arroseront encore le nord et le midi de la France et le nord de l'Espagne. Mauvais temps en Italie. Encore une bourrasque au nord de la mer du Nord et de la Baltique.

Le 30, nouvelles pluies au nord et au midi de la France.

Le 31, pluies éparses encore aux mêmes lieux; elles s'étendront à tout le nord de l'Italie. Une bourrasque sévira toujours au nord de la mer du Nord et de la Baltique.

Aperçu général.

Pendant le mois de mars, les séries de mauvais temps seront moins longues que dans le mois précédent, et en général bien moins intenses. Cependant les pluies seront plus abondantes.

Du 3 au 6, de fortes averses tomberont aux lieux indiqués.

Du 14 au 16, il est probable que de grands vents souffleront sur le midi de la France.

Les marins n'auront à redouter que le 1er, le 2, le 16, le 17 et la période du 24 au 29 qui sera pour eux la plus mauvaise; les régions les plus menacées sont indiquées.

Généralement, ce mois sera humide et froid pendant la seconde et la troisième dizaine surtout.

Les plus beaux jours arriveront du 8 au 16.

AVRIL.

—

Le 1er, pluies d'orage sur le nord et le midi de la France, et sur le nord de l'Espagne. Quelques orages épars éclateront aussi sur le centre de la France. Forte bourrasque au nord de la Baltique et de la mer du Nord.

Le 2, les pluies d'orage se porteront sur tout le centre de la France et sur le nord de l'Espagne. Quelques orages épars éclateront encore dans le nord et le midi de la France. La bourrasque de la veille sévira toujours au nord de la mer du Nord et de la Baltique.

Le 3, quelques pluies arroseront encore le midi de la France, et le nord et le midi de l'Espagne. Pluies fortes au nord de l'Italie et au nord de l'Angleterre.

Le 4, deux lignes de pluies traverseront : l'une, le centre de l'Angleterre et de la mer du Nord; l'autre, le centre de l'Espagne et la Méditerranée.

Le 5, les pluies se porteront sur le midi de l'Angleterre et sur le nord de la France. Une bourrasque apparaîtra dans les régions boréales.

Le 6, violents orages ou fortes pluies dans tout le centre de la France. Dans la soirée, elles s'étendront jusque sur le midi. Une forte bourrasque passera sur le nord de l'Irlande, en Ecosse, sur la mer du Nord, et enfin sur la Baltique.

Le 7, quelques pluies tomberont au centre de l'Angleterre et au centre et au nord de l'Espagne.

Le 8, pluies éparses sur le nord de la France.

Le 9, quelques pluies tomberont sur le centre de la France.

Le 12, pluies au centre et au nord de l'Espagne.

Le 13, pluies plus fortes aux mêmes lieux. Quelques pluies tomberont aussi en Italie.

Le 14, encore pluies dans les mêmes régions.

Le 15, les pluies apparaîtront dans le midi de la France.

Le 16, elles continueront à tomber dans quelques localités du midi de la France et s'étendront jusque sur le centre.

Le 17, pluies plus fortes dans tout le centre de la France. Dans la soirée, elles feront leur apparition dans le Nord.

**

Le 18, quelques pluies tomberont encore sur l'extrême nord de la France, sur la Manche et le midi de l'Angleterre.

Le 20, pluies au midi et au centre sud de la France. Bourrasque au nord de la mer du Nord et sur la Baltique à la latitude de Stockolm.

Le 21, une nouvelle série de mauvais temps fera sa réapparition sur le nord de la France et sur la Manche. Une forte bourrasque sévira sur le nord de la Baltique.

Le 22, le mauvais temps continuera sur la Manche et sévira plus fort sur tout le midi de l'Angleterre. Une seconde ligne passera sur le midi de l'Espagne et sur les côtes de l'Algérie. Bourrasque dans les hautes latitudes.

Le 23, le mauvais temps se portera sur le nord de l'Espagne, sur l'extrême sud de la France et sur la Méditerranée. Une bourrasque passera au nord de l'Irlande et sur la mer du Nord.

Le 24, pluies sur le midi de la France. La bourrasque de la veille sévira sur la Baltique à la latitude de Stockolm.

Le 25, les pluies se porteront sur le nord de l'Espagne, sur l'extrême sud de la France et sur la zone de Nantes à Strasbourg. Nouvelle bourrasque au nord de la mer du Nord et de la Baltique.

Le 26, nouvelles pluies au midi et au nord de
la France. La bourrasque de la veille
sera toujours sur le nord de la Baltique.

Le 27, quelques pluies tomberont encore aux
mêmes lieux que la veille, ainsi qu'au
centre de la France.

Le 28, mauvais temps sur la Manche, le nord
de la France et le midi de l'Angleterre.
Mauvais temps aussi sur tout le midi
de la France. Forte bourrasque au
nord de la Baltique.

Le 29, le mauvais temps se portera un peu plus
vers le sud, dans toutes les régions,
c'est-à-dire qu'il s'étendra au centre de
la France, au nord de l'Espagne et
en Italie.

Le 30, nouvelles pluies au midi de la France,
au centre de l'Espagne et en Italie.
Forte bourrasque au nord des îles
Britanniques.

Aperçu général.

Comme on vient de le voir, le mois d'avril
nous donnera peu de mauvais temps très-intenses; cependant les marins auront à se tenir
en garde contre les quatre premiers jours,
contre la période du 21 au 24, et contre les
trois derniers jours. Ce seront les époques où
séviront les plus forts mauvais temps de ce mois.

Les autres jours seront généralement beaux,
avec quelques pluies pour les lieux où elles
sont indiquées.

De grands vents accompagneront probablement les mauvais temps de la première et de la troisième dizaine. La seconde sera plus froide que les deux autres ; des gelées seront à redouter, pendant les nuits claires surtout.

MAI.

—

Le 1ᵉʳ, mauvais temps au nord et au midi de l'Espagne, sur la Méditerranée et sur les côtes de l'Algérie. Quelques grains passeront probablement sur l'extrême sud de la France et sur le centre de l'Italie. Une bourrasque abordera le nord des îles Britanniques, de la mer du Nord, et la Baltique à la latitude de Stockolm.

Le 2, le mauvais temps règnera, comme la veille, sur le midi de l'Espagne et sur les côtes de l'Algérie. Une bourrasque passera sur le midi de l'Angleterre, sur la Manche et sur l'extrême nord de la France. Une autre bourrasque apparaîtra dans les régions boréales.

Le 3, ciel orageux sur beaucoup de points, particulièrement sur tout le nord de la France : fortes pluies par places. Forte bourrasque au nord de la Baltique.

Le 4, pluies ou orages épars, particulièrement
sur le centre de la France.

Le 6, quelques pluies tomberont au nord de
la France et sur la Manche.

Le 7, pluvieux où pluie au centre de la France.

Le 8, le temps variable de la veille s'étendra
au midi de la France.

Le 11, pluvieux et pluies éparses, en Espagne,
sur la zone de Porto à Barcelonne.

Le 12, temps variable encore dans les mêmes
régions.

Le 13, ciel couvert ou pluvieux sur le midi de
la France.

Le 14, pluies éparses au nord et au centre de
la France.

Le 15, des pluies arroseront le midi de l'Angleterre.

Le 16, légère bourrasque sur le centre de l'Angleterre. Légères pluies sur les côtes
du Portugal.

Le 17, couvert, pluvieux sur le midi de la France.

Le 18, les pluies se généraliseront et arroseront le midi et le centre de la France.
Forte bourrasque au nord de la mer
du Nord et de la Baltique.

Le 19, le mauvais temps de la veille se transportera sur la Manche, le nord de
la France et le midi de l'Angleterre.
Une bourrasque sévira sur l'extrême
nord de la Baltique. Une seconde passera sur les côtes de l'Algérie et sur
le midi de l'Espagne.   *

Le 20, le mauvais temps continuera sur les côtes de l'Algérie; il réapparaîtra sur le centre de l'Espagne, sur la Méditerranée et le midi de l'Italie. Une autre bourrasque traversera l'Irlande, le centre de l'Angleterre et la mer du Nord.

Le 21, pluies éparses sur le midi de la France, sur le centre de l'Espagne et en Italie. La bourrasque de la veille se maintiendra sur le nord des îles Britanniques et de la Baltique.

Le 22, le mauvais temps réapparaîtra sur tout le nord et le midi de la France, sur le nord de l'Espagne, sur la Méditerranée et en Italie. Bourrasque au nord de la Baltique.

Le 23, le mauvais temps continuera encore sur le nord et le midi de la France, en Italie et sur la Baltique.

Le 24, encore quelques pluies tomberont au nord et au midi de la France et en Italie. Elles s'étendront aussi sur le centre de la France et sur la Manche.

Le 25, pluvieux ou pluie aux mêmes lieux que la veille. Nouvelle bourrasque au nord de la Baltique.

Le 26, pluies éparses encore sur divers points de la France, sur le nord de l'Espagne et en Italie.

Le 28, nouvelles pluies au midi de la France et au centre de l'Espagne. Une bourrasque passera sur le nord des îles Britanniques.

Le 29, en même temps qu'une bourrasque sévira dans les hautes latitudes, une seconde sera sur le centre de l'Angleterre et de la mer du Nord.

Le 30, pluies d'orage sur le nord de la France, sur la Manche et le midi de l'Angleterre. Forte bourrasque au nord de la Baltique.

Le 31, quelques pluies d'orage tomberont encore sur le nord et le centre de la France, et aussi sur le nord de l'Espagne. La bourrasque de la veille sévira toujours sur la Baltique.

Aperçu général.

Le mois de mai nous donnera un temps mixte : des séries de beaux jours, en général, courtes, mais peu de jours exceptionnellement mauvais.

La période du 18 au 25 sera la plus mauvaise pour les marins sur les mers que j'ai signalées. Pendant ces quelques jours, les pluies seront abondantes, mais il est à présumer que les coups de vent dont elles seront accompagnées ne seront pas généralement dangereux.

Je dois encore signaler aux marins les journées du 1er, du 2, du 3 et du 30.

La période du 11 au 18, surtout pendant les 3 premiers jours, sera remarquablement froide avec vents assez violents et giboulées ; le ciel sera généralement couvert et pluvieux.

Il n'y aura pas à s'étonner si, le 11, le 12 et le 13, il neige en plusieurs endroits et gèle même sur quelques points.

Avis à toutes les personnes que cette nouvelle pourrait intéresser.

La grêle n'est pas encore à craindre; sous ce rapport, le mois de mai, bien différent de celui de 1867, se présente sous un aspect tout autrement rassurant.

JUIN.

—

Le 1er, quelques orages éclateront au centre de l'Espagne et au midi de l'Italie. Une bourrasque traversera le centre de l'Angleterre et la mer du Nord.

Le 2, orages épars sur le nord de la France.

Le 3, orages sur quelques points du centre de la France.

Le 4, orages ou fortes pluies dans tout le midi de la France et sur le nord de l'Italie.

Le 5, encore quelques pluies ou orages épars sur l'extrême sud de la France, le nord de l'Espagne et sur le nord de l'Italie.

Le 7, pluvieux sur le centre de l'Espagne.

Le 8, pluvieux encore et froid au centre de l'Espagne.

Le 9, pluies au nord de l'Espagne et sur le midi de la France.

Le 10, dans la soirée, les pluies se porteront sur le centre de la France.

Le 11, dans la soirée encore, elles s'étendront dans tout le nord de la France.

Le 13, nouvelles pluies au nord de l'Espagne et sur l'extrême sud de la France. Bourrasque au nord des îles Britanniques et sur la Baltique.

Le 14, manvais temps violent sur tout le midi et le centre sud de la France. La bourrasque de la veille sévira toujours au nord de la Baltique.

Le 15, le mauvais temps se portera au nord de la France, sur la Manche, le midi de l'Angleterre et de la mer du Nord. Nouvelle et forte bourrasque au nord de la Baltique.

Le 16, le mauvais temps continuera sur l'extrême nord de la France, sur la Manche et le midi de l'Angleterre et de la mer du Nord. Il fera aussi son apparition sur le midi de l'Espagne et de l'Italie et sur la Méditerranée. Une bourrasque passera dans les hautes latitudes.

Le 17, des pluies arroseront le midi de la France, et le nord de l'Espagne et de l'Italie. Une nouvelle bourrasque apparaîtra sur le nord des îles Britanniques et de la mer du Nord, ainsi que sur la Baltique au sud de Stockolm.

Le 18, pluvieux ou couvert, en France, sur la zone de Bordeaux à Lyon. Pluies au midi de l'Italie.

Le 19, ciel couvert ou pluvieux sur le nord et le midi de la France.

Le 20, quelques pluies tomberont sur le centre et l'extrême nord de la France, et sur le midi de l'Angleterre.

Le 24, pluvieux ou couvert encore, particulièrement sur la zone de Bordeaux à Lyon. Bourrasque au nord des îles Britanniques et de la mer du Nord.

Le 25, la bourrasque de la veille redoublera d'intensité au nord de l'Angleterre, sur la mer du Nord et sur la Baltique. Autre bourrasque au nord de l'Espagne et sur la Méditerranée.

Le 26, une bourrasque passera sur la Manche, le midi de l'Angleterre, et étendra son action jusque sur le nord de la France; une seconde sévira sur le nord de la Baltique, et une troisième, enfin, sur les côtes de l'Algérie, sur le midi de l'Espagne, sur la Méditerranée et le midi de l'Italie.

Le 27, pluies au midi de la France et sur le nord de l'Italie. Légère bourrasque au nord de la mer du Nord.

Le 28, encore quelques pluies au midi de la France, sur le nord de l'Espagne et en Italie. La bourrasque de la veille sévira sur la Baltique un peu au sud de Stockolm.

Le 30, couvert, pluvieux, sur le nord de la France.

Aperçu général.

En général, le mois de juin sera très-chaud et très-sec quoique j'ai signalé beaucoup de jours de pluie. Cela tiendra à ce que les fortes chaleurs occasionneront des sècheresses locales qui paralyseront les tourbillons peu intenses, en sorte que le ciel pourra se montrer souvent couvert sans que la pluie survienne. Les jours pour lesquels la pluie sera à peu près certaine sont du 13 au 17 et du 25 au 27, pour les régions que j'ai indiquées.

Du 8 au 10, la température se refroidira sensiblement, le 9 surtout.

Les plus fortes chaleurs surviendront du 17 au 25.

Tout porte à croire que les pluies de ce mois seront des pluies bienfaisantes et que nous n'aurons pas encore à déplorer les ravages de la grêle.

Les marins n'auront à redouter que les premiers jours du mois, et surtout la période du 13 au 17 pendant laquelle séviront de fort mauvais temps.

JUILLET.

—

Le 1er, de violents orages éclateront sur le midi de la France.

Le 2, quelques orages épars éclateront encore sur le midi de la France et aussi sur le nord de l'Espagne.

Le 3, pluies au centre de l'Espagne et sur la Méditerranée.

Le 4, nouvelles pluies aux mêmes lieux. Mauvais temps sur la Méditerranée et au midi de l'Italie.

Le 5, les pluies s'étendront sur le nord de l'Espagne et sur le centre de l'Italie.

Le 7, des pluies arroseront le centre de la France et le nord de l'Italie.

Le 8, les pluies se porteront sur le nord de la France.

Le 9, elles arriveront sur le midi de l'Angleterre et apparaîtront aussi sur le midi de l'Espagne.

Le 10, pluies éparses sur le centre de l'Angleterre, sur le centre de l'Espagne et sur le midi de l'Italie.

Le 11, couvert ou pluvieux sur le midi de la France et le nord de l'Espagne et de l'Italie.

Le 12, pluies encore au midi de la France; elles s'étendront jusqu'à la latitude de Lyon. Forte bourrasque au nord des îles Britanniques et de la mer du Nord.

Le 13, les pluies se porteront sur le centre de la France. La bourrasque de la veille sévira au nord de la Baltique.

Le 14, pluies au centre de l'Espagne. Une nouvelle bourrasque abordera l'Irlande, le centre de l'Angleterre et de la mer du Nord.

Le 15, quelques pluies éparses tomberont sur le midi de la France.

Le 17, dans la soirée, quelques pluies passeront sur le nord de la France, sur la Manche et le midi de l'Angleterre.

Le 18, le mauvais temps fera sa réapparition plus particulièrement sur le nord et le midi de la France.

Le 19, le mauvais temps commencera à sévir un peu partout, mais plus particulièrement sur le centre et le nord de la France, sur la Manche et le midi de l'Angleterre. Une forte bourrasque règnera sur le nord de la Baltique.

Le 20, le mauvais temps continuera aux mêmes lieux que la veille ; tout fait supposer qu'il deviendra plus intense et même plus général. Une forte bourrasque sévira toujours sur le nord de la Baltique.

Le 21, le mauvais temps se maintiendra toujours en France et sur le nord de la Baltique. Il s'étendra sur le nord de l'Espagne, sur la Méditerranée et sur le nord de l'Italie.

Le 22, pluies encore sur le midi de la France, sur le nord de l'Espagne, sur la Méditerranée et au centre de l'Italie. Une forte bourrasque succédera à celles des jours précédents sur le nord des îles Britanniques et de la mer du Nord, et sur la Baltique.

Le 23, une ligne de mauvais temps abordera l'Irlande, le midi de l'Angleterre et de la mer du Nord, et étendra son action jusque sur la Manche et l'extrême nord de la France. Une seconde ligne traversera le Portugal, le centre et surtout le midi de l'Espagne, et s'étendra sur la Méditerranée et sur les côtes de l'Algérie.

Le 24, le mauvais temps de la veille se portera sur tout le nord de la France, et il est probable que quelques pluies tomberont aussi sur le centre. Une bourrasque apparaîtra sur le nord de la Baltique.

Le 25, les pluies s'étendront au nord de l'Espagne, au midi de la France et au nord de l'Italie. Bourrasque au nord de l'Angleterre et de la mer du Nord.

Le 26, des pluies arroseront le midi de l'Espagne et les côtes de l'Algérie. Une seconde ligne de pluies passera sur le midi de l'Angleterre et sur la Manche.

Le 27, les pluies se porteront sur tout le nord de la France. Orages sur divers points.

Le 28, mauvais temps, pluies ou orages au midi et au centre-sud de la France et au nord de l'Italie.

Le 29, le mauvais temps de la veille sévira encore sur quelques points du midi de la France, sur le nord de l'Espagne et de la Méditerranée et sur le nord de l'Italie.

Le 30, pluvieux ou couvert sur le nord et le centre de l'Espagne. Des pluies continueront de tomber sur le centre de l'Italie.

Le 31, encore couvert ou pluvieux sur le centre de l'Espagne.

Aperçu général.

Le mois de juillet généralement sera beau, chaud et sec pendant les deux premières dizaines jusqu'au 18, surtout aux lieux pour lesquels la pluie n'est pas indiquée; mais, là même où elle doit tomber, les fortes chaleurs paralyseront encore plus d'un tourbillon, les moins intenses parmi ceux que j'ai signalés.

A partir du 18, la fin du mois sera remarquablement mauvaise et redoutable pour les marins, particulièrement pendant les premiers jours de la période que j'indique. On doit s'attendre à de fortes chûtes d'eau, à des orages, des trombes ou des ouragans ; et quelque rares que soient les tempêtes en cette saison, je ne saurais trop pourtant recommander aux marins de se montrer prudents.

J'ai signalé les jours les plus mauvais et les lieux les plus menacés.

Tout porte à croire que ces mauvais temps seront malheureusement trop généraux; et il n'est que trop certain que plus d'une contrée aura à souffrir de la chûte ou de la crue des eaux et peut-être aussi des ravages de la grêle.

AOUT.

—

Le 1er, violents orages sur le centre et le nord de l'Espagne particulièrement.

Le 2, le mouvement orageux de la veille, après avoir traversé la Méditerranée, abordera le centre de l'Italie. Orages ou pluies sur l'extrême sud de la France et encore sur le nord de l'Espagne.

Le 3, nouvelles pluies ou orages épars sur tout le midi de la France. Des orages éclateront aussi sur le nord de l'Italie et de l'Adriatique.

Le 4, sur le soir, quelques orages éclateront sur la zone de Nantes à Metz.

Le 5, les pluies se généraliseront dans tout le nord de la France. Des grains passeront sur la Manche.

Le 6, le mauvais temps sévira encore sur la Manche et s'étendra sur tout le midi de l'Angleterre. Quelques grains passeront encore sur le nord de la France. Une bourrasque abordera le midi de l'Espagne, la Méditerranée et les côtes de l'Algérie.

Le 7, légère bourrasque au nord des îles Britanniques et de la mer du Nord. Une bourrasque plus forte sévira au nord de la Baltique. Au midi, quelques pluies passeront sur le nord de l'Espagne et probablement aussi sur l'extrême sud de la France. Une troisième bourrasque régnera sur le midi de l'Italie et de l'Adriatique.

Le 8, pluvieux ou couvert sur le midi de la France.

Le 9, quelques pluies éparses arroseront le nord de la France.

Le 10, une bourrasque abordera l'Irlande, le centre de l'Angleterre et la mer du Nord. Une seconde passera sur le midi de l'Espagne et sur la Méditerranée.

Le 11, au nord, la bourrasque de la veille sévira encore sur la mer du Nord et aussi sur la Baltique au sud de Stockolm. Quelques pluies arroseront le nord et le midi de l'Espagne, le midi de la France et le nord de l'Italie.

Le 12, une série de fort mauvais temps abordera l'Europe, sur le nord de l'Espagne, sur l'ouest de la France, et se fera sentir jusque sur la Manche. Grands vents sur les côtes, pluies à l'intérieur des terres. Mauvais temps au nord de la Baltique.

Le 13, le mauvais temps de la veille sévira encore, particulièrement sur la Manche, le nord et le midi de la France, au nord de l'Italie et sur le nord de la Baltique.

Le 14, le mauvais temps se maintiendra toujours dans les mêmes régions.

Le 15, toujours mauvais temps dans les mêmes régions. Il éprouvera une certaine recrudescence sur les jours précédents et s'étendra un peu plus vers le nord, jusque sur le centre de la France et le midi de l'Angleterre.

Le 16, le mauvais temps règnera encore dans les mêmes régions que les jours précédents, c'est-à-dire sur le nord de l'Espagne et de l'Italie, en France particulièrement dans le nord et le midi, sur la Manche, le midi de l'Angleterre et de la mer du Nord, et sur le nord de la Baltique.

Le 17, encore pluies ou orages épars sur le nord et le midi de la France. Nouvelle bourrasque au nord de la Baltique.

Le 18, une ligne de mauvais temps abordera le nord des îles Britanniques et de la mer du Nord; une seconde sévira sur le midi de la France et sur le nord de l'Espagne; et une troisième, enfin, passera sur le midi de l'Espagne et de la Méditerranée; celle-ci sera la moins forte.

Le 19, la bourrasque de la Méditerranée atteindra le midi de l'Italie. Une autre bourrasque apparaîtra sur le midi de l'Angleterre.

Le 20, pluies au nord de la France. Une bourrasque arrivera sur le nord de la Baltique.

Le 21, les pluies se porteront au centre de la France. Quelques grains traverseront encore la Baltique à la latitude de Stockolm.

Le 22, pluies au midi de l'Angleterre, au midi de l'Espagne et sur les côtes de l'Algérie.

Le 23, des pluies éparses tomberont sur le nord de la France.

Le 24, fortes pluies au centre de la France.

Le 25, elles se porteront sur le midi de la France, sur le nord de l'Espagne et sur le nord de l'Italie.

Le 26, orages épars au centre de l'Espagne.

Le 27, nouveaux orages aux mêmes lieux. Ciel orageux au midi de l'Italie.

Le 29, couvert ou pluvieux sur le nord de l'Espagne.

Le 30, mauvais temps au nord de l'Espagne; il s'étendra jusqu'à l'extrême sud de la France.

Le 31, mauvais temps au midi de la France et au nord de l'Italie.

Aperçu général.

Ainsi qu'on l'a vu, le mois d'août sera loin d'être très-beau pour le nord et le midi de la France, et pour cette dernière région surtout.

Les premiers et les derniers jours seront les plus orageux ; à ces deux époques des grêles sont à craindre.

Les marins auront à redouter la période du 5 au 8, et surtout celle du 11 au 18 qui sera probablement très-mauvaise. Pour eux, les plus forts mauvais temps seront sur les côtes nord-ouest de l'Espagne, le golfe de Gascogne et les côtes françaises de l'Océan, sur la Manche et la Baltique ; mais il est à présumer que la mer sera aussi mauvaise sur la Méditerranée et l'Adriatique, ainsi qu'au nord des îles Britanniques. Comme on le voit, ces mauvais temps seront très-généraux.

Cette période, à partir du 11 jusqu'au 18, donnera de forts coups de vent, de fortes pluies par places et par intervalles et un refroidissement de température très-prononcé.

SEPTEMBRE.

—

Le 1er, le mauvais temps de la veille se portera sur le nord de la France, particulièrement sur la zone de Nantes à Mézières. Orages ou fortes pluies.

Le 2, les pluies se généraliseront dans tout le nord de la France.

Le 3, quelques pluies passeront sur le centre de l'Angleterre.

Le 4, quelques pluies arroseront le midi de la France. Légère bourrasque sur la Baltique à la latitude de Stockolm.

Le 5, les pluies se porteront sur le centre de la France.

Le 6, une forte bourrasque abordera le midi de l'Angleterre, la Manche, et étendra son action jusque sur le nord de la France. Une seconde passera sur le midi de l'Espagne, sur la Méditerranée et sur le midi de l'Italie et de l'Adriatique.

Le 7, quelques pluies arroseront le centre de l'Angleterre et le centre de l'Espagne ; les bourrasques de la veille séviront encore sur la Baltique et sur le centre de l'Italie et de l'Adriatique.

Le 8, pluies fortes sur le midi de la France, ainsi que sur le midi de l'Espagne et sur les côtes de l'Algérie. Forte bourrasque sur la Baltique à la latitude de Stockolm.

Le 9, le mauvais temps de la veille se généralisera sur le nord de l'Espagne, et sur presque toute la France, mais plus particulièrement sur le centre ; il continuera à sévir sur le nord de la Baltique.

Le 10, nouvelles pluies, en France, sur presque toutes les régions, mais dans le nord et le midi surtout. Mauvais temps au nord de la Baltique.

Le 11, mauvais temps plus prononcé que la veille, sur le centre et le nord de la France, sur la Manche, et encore sur le nord de la Baltique.

Le 12, temps très-mauvais aux mêmes lieux que la veille. Il s'étendra aussi sur le midi de l'Angleterre.

Le 13, encore, orages ou pluies éparses sur le nord et le midi de la France. Nouvelle bourrasque au nord de la Baltique.

Le 14, orages ou pluies sur le centre de la France et sur le nord de l'Espagne. La bourrasque de la veille sévira toujours sur la Baltique.

Le 15, une ligne de pluies passera sur le centre de l'Angleterre et une seconde sur le centre de l'Espagne.

Le 18, nouvelles pluies au nord de l'Espagne, sur le midi de la France et sur la Méditerranée. Bourrasque au nord des îles Britanniques, sur la mer du Nord et sur la Baltique au sud de Stockolm.

Le 19, mauvais temps en Irlande, sur tout le midi de l'Angleterre et sur la mer du Nord; il étendra son action sur la Manche, sur l'extrême nord de la France, en Belgique et en Hollande. Mauvais temps aussi au midi de l'Espagne et de l'Italie, sur la Méditerranée et sur les côtes de l'Algérie.

Le 20, le mauvais temps continuera à sévir sur la Manche et s'étendra sur tout le nord et même sur le centre de la France.

Le 21, pluies éparses sur le midi de la France.

Le 22, couvert ou pluvieux sur le nord de l'Espagne et sur l'extrême sud de la France.

Le 23, nouvelles pluies sur le nord de l'Espagne.

Le 24, les pluies arroseront tout le centre de l'Espagne et de l'Italie.

Le 25, encore quelques pluies au nord et au centre de l'Espagne. Pluies plus fortes au centre de l'Italie.

Le 27, fortes pluies au centre de la France.

Le 28, les pluies se porteront sur tout le nord de la France et jusque sur la Manche.

Le 29, pluvieux, couvert sur le nord de la France et sur le midi de l'Angleterre.

Le 30, quelques pluies passeront sur le centre de l'Espagne et aussi sur le centre de l'Angleterre.

Aperçu général.

Dans le mois de septembre, on comptera plusieurs périodes pendant lesquelles séviront de grands mauvais temps, et contre lesquelles les marins ne sauraient trop se tenir en garde.

Ce sera d'abord le 1er et le 2, puis la longue période du 6 au 12 qui donneront des mauvais temps persistants ; celle du 18 au 21 qui ne sera pas moins mauvaise que la précédente, et enfin les quelques jours du 23 au 25 et le 27 et le 28.

Les tourbillons qui règneront pendant toutes ces périodes donneront des pluies abondantes et de forts coups de vent avec grains et giboulées.

J'ai indiqué les contrées les plus menacées; mais les mauvais temps de septembre seront assez généraux et rarement ils se concentreront exclusivement aux régions que j'ai signalées.

Je ne crois pas inutile d'avertir encore une fois les marins que ce mois sera à redouter sur les mers d'Europe.

OCTOBRE.

—

Le 1ᵉʳ, quelques pluies éparses arroseront le midi de la France. Une bourrasque passera sur le nord des îles Britanniques et de la mer du Nord.

Le 2, les pluies se porteront sur le nord de la France. La bourrasque de la veille sévira à l'extrême nord de la Baltique.

Le 3, une légère bourrasque passera sur la Manche, l'extrême nord de la France et sur le midi de l'Angleterre.

Le 4, pluies au centre de l'Angleterre et au nord de l'Espagne.

Le 5, pluvieux ou couvert sur le midi de la France et le nord de l'Espagne. Légère bourrasque sur la Baltique.

Le 6, nouvelles pluies au nord et au midi de la France. Bourrasque sur la Baltique au nord de Stockolm.

Le 7, les pluies continueront sur le nord et le midi de la France; elles s'étendront sur le centre-sud et sur la Manche. Encore une forte bourrasque qui sévira sur la Baltique.

Le 8, pluies aux mêmes lieux que la veille.

Le 9, pluvieux ou couvert sur le nord et le midi de la France.

Le 11, des grains ou des pluies d'orage passeront sur quelques points du nord et du midi de la France.

Le 12, mauvais temps au midi de la France, sur le nord et le centre de l'Espagne et sur la Méditerranée. Des pluies arroseront aussi l'Italie. Une bourrasque passera sur le nord des îles Britanniques et sur la mer du Nord.

Le 13, le mauvais temps se portera sur le midi de l'Espagne et sur les côtes de l'Algérie. Il sévira aussi sur le midi de l'Angleterre et sur la Manche. Une bourrasque passera dans les hautes latitudes.

Le 14, pluvieux ou couvert sur le nord de la France.

Le 16, quelques pluies passeront sur le centre de l'Espagne et sur le centre de l'Angleterre.

Le 17, pluies sur tout le nord de la France.

Le 18, un fort mauvais temps commencera à sévir sur tout le centre de la France. Fortes pluies et grands vents.

Le 19, le mauvais temps gagnera tout le midi de la France et le nord de l'Espagne. Comme la veille, grands vents et fortes pluies. Mauvais temps aussi sur la Méditerranée et au nord de l'Italie et de l'Adriatique.

Le 20, les pluies se maintiendront au nord de l'Espagne et sur le nord de l'Italie. Probablement quelques grains passeront encore sur le midi de la France.

Le 22, pluvieux, couvert, sur le centre de l'Espagne.

Le 23, quelques pluies arroseront le nord de l'Espagne.

Le 24, temps très-mauvais sur le golfe de Gascogne et sur le midi de la France. Ce mauvais temps s'étendra sur le centre de la France et sur le nord de l'Espagne.

Le 25, le mauvais temps de la veille sévira particulièrement sur le centre et le nord de la France. Quelques grains passeront encore dans le midi et au nord de l'Italie.

Le 26, le mauvais temps continuera sur le nord de la France. Il étendra son action sur la Manche et sur le midi de l'Angleterre. Il fera aussi son apparition sur les côtes de l'Algérie.

Le 27, forte bourrasque sur le midi de l'Angleterre et sur la mer du Nord; elle se fera sentir jusque sur la Manche. Une autre bourrasque passera sur le midi de l'Espagne et sur les côtes de l'Algérie.

Le 28, les deux bourrasques de la veille se
seront avancées vers le nord : la
première, sur le nord des îles Britanniques, sur la mer du Nord et sur
la Baltique, un peu au sud de Stockolm ; la seconde sur le nord de l'Espagne, sur la Méditerranée, le centre
et le midi de l'Italie. Pluvieux, couvert sur le midi de la France.

Le 29, pluies sur le centre et le nord de la
France. Encore une bourrasque au
nord de la Baltique.

Le 30, pluies éparses sur la Manche et le midi
de l'Angleterre.

Le 31, pluvieux sur le centre de l'Angleterre.

Aperçu général.

Comme le mois de septembre, le mois d'octobre, en général, ne sera pas beau.

Les plus forts mauvais temps séviront aux lieux
que j'ai indiqués le 7 et le 8, le 12 et le 13,
et à partir du 18 pendant presque toute la troisième dizaine. Il est à présumer que la mer
sera mauvaise pendant cette dernière période,
surtout sur les côtes françaises de l'Océan, sur
la Manche et sur la Méditerranée. Les jours
les plus mauvais seront le 18 et le 19, le 24
et le 25 ; cependant le mauvais temps se maintiendra jusques au 29.

Pendant tous ces jours, fortes averses par
giboulées et grands vents.

Les deux premières dizaines seront donc les
plus belles.

Les agriculteurs feront bien de prendre cette indication pour un avertissement.

Pendant les journées du 13, du 14 et du 15, la température se refroidira d'une manière très-sensible.

NOVEMBRE.

Le 1er, quelques pluies arroseront le nord de l'Espagne et l'extrême sud de la France. Légère bourrasque au nord des îles Britanniques et de la mer du Nord.

Le 2, pluvieux ou couvert sur le centre de la France et sur le nord de l'Espagne. La bourrasque de la veille se transportera sur le nord de la Baltique.

Le 3, mauvais temps au nord et au midi de la France. Forte bourrasque au nord de la Baltique.

Le 4, quelques pluies tomberont encore au nord et au midi de la France; elles s'étendront jusqu'au centre et sur la Manche. Toujours mauvais temps au nord de la Baltique.

Le 5, encore pluies éparses sur le nord et le midi de la France.

Le 6, pluvieux, couvert aux mêmes lieux que la veille.

Le 7, mauvais temps au centre de la France et au nord de l'Espagne. Dans la soirée, orages ou fortes pluies. Forte bourrasque au nord de la Baltique.

Le 8, le mauvais temps continuera au nord de l'Espagne et s'étendra jusque sur le midi de la France. Mauvais temps aussi au nord des îles Britanniques et de la mer du Nord, sur le midi de l'Espagne, sur les côtes de l'Algérie, et enfin sur la Méditerranée, ainsi que sur le centre et le nord de l'Italie. — Comme on le voit, le mauvais temps sera très-étendu pendant ces deux jours.

Le 9, le mauvais temps de la veille sévira encore en Irlande, sur le centre de l'Angleterre, sur la mer du Nord et la Baltique, ainsi que sur le centre de l'Espagne, sur la Méditerranée et sur le midi de l'Italie.

Le 10, variable, pluvieux ou pluie sur le nord de la France. Une nouvelle bourrasque passera au nord de la Baltique.

Le 11, le mauvais temps reparaîtra sur le midi de la France. Une autre ligne de mauvais temps passera sur le nord des îles Britanniques et de la mer du Nord.

Le 12, le mauvais temps se portera sur l'Irlande, le centre de l'Angleterre, sur la mer du Nord et sur la Baltique au sud de Stockolm. Au midi, il sévira sur le centre de l'Espagne, sur la Méditerranée, sur le midi et le centre de l'Italie.

Le 13, une bourrasque traversera la Manche et le midi de l'Angleterre ; elle se fera sentir jusque sur le nord de la France.

Le 14, pluvieux ou pluie sur le midi de la France, particulièrement sur la zone de Bordeaux à Grenoble.

Le 15, variable, couvert ou pluvieux sur le nord de l'Espagne et sur l'extrême sud de la France.

Le 16, temps variable encore au nord et au centre de l'Espagne.

Le 17, le temps variable de la veille continuera au centre de l'Espagne et s'étendra au midi de l'Italie.

Le 18, pluies au centre de l'Espagne.

Le 19, quelques pluies arroseront le nord de l'Espagne et le centre de l'Italie.

Le 20, pluies éparses au midi de la France et au nord de l'Italie.

Le 21, les pluies continueront au midi de la France et au nord de l'Italie ; elles arroseront même quelques points du centre de la France.

Le 22, dans la soirée, quelques pluies arroseront le nord de la France.

Le 23, elles se porteront sur le midi de l'Angleterre. Une autre ligne de pluies traversera le centre de l'Espagne.

Le 24, les pluies s'avanceront vers le nord, sur le nord de l'Espagne et le centre de l'Angleterre.

Le 25, nouvelles pluies au midi de la France, bourrasque au nord de la Baltique.

Le 27, un fort mauvais temps abordera les îles Britanniques et la mer du Nord; il étendra son action jusque sur la Manche et la Baltique. Au midi, une forte bourrasque, après avoir sévi sur le midi de l'Espagne et sur les côtes de l'Algérie, se dirigera, à travers la Méditerranée, sur le midi de l'Italie.

Le 28, le mauvais temps de la veille continuera toujours, en se généralisant, sur les îles Britanniques, la mer du Nord, la Baltique, sur le midi et le nord de l'Espagne, sur les côtes de l'Algérie et sur la Méditerranée, et de plus sur le midi de la France et sur le nord et le centre de l'Italie.

Le 30, quelques pluies éparses passeront sur le midi et le nord de la France. Une bourrasque passera au nord de la Baltique.

Aperçu général.

Le mois de novembre sera plus beau que les mois précédents. En général, les mauvais temps seront de courte durée, mais quelques-uns seront très-intenses. Les plus violents et par conséquent les plus à redouter par les marins seront ceux du 27 et du 28 : ces deux jours seront très-mauvais surtout aux lieux que j'ai signalés. Viendront ensuite le 11, le 12 et le 13, contre lesquels les marins devront aussi se tenir en garde, aussi bien que contre les autres jours pour lesquels le temps est indiqué mauvais.

Du 11 au 14, la température éprouvera un abaissement sensible, qui amènera quelques gelées et des chutes de neige dans les pays montagneux.

En somme, si le temps laisse à désirer sous le rapport du beau pendant la première quinzaine de novembre, la seconde nous donnera, en dédommagement, l'été de la Saint-Martin, et les dernières semailles pourront se faire dans d'assez belles conditions.

DÉCEMBRE.

—

Le 1er, pluies sur la zone de Bordeaux à Lyon, ainsi que sur la Manche, le midi de l'Angleterre et l'extrême nord de la France. Bourrasque au nord de la Baltique.

Le 2, nouvelles pluies aux mêmes lieux.

Le 3, pluvieux ou pluies éparses sur le nord et le midi de la France.

Le 5, temps très-mauvais au midi et au centre de la France, au centre de l'Espagne et sur la Méditerranée. Forte bourrasque au nord des îles Britanniques, de la mer du Nord et de la Baltique.

Le 6, le mauvais temps continuera à sévir dans les mêmes régions, en s'étendant vers le sud, sur le nord de l'Espagne et sur les côtes de l'Algérie, en Irlande et sur le centre de l'Angleterre et de la mer du Nord. Le mauvais temps sévira aussi sur la Baltique, sur la Méditerranée et sur le centre et le midi de l'Italie.

Le 7, le mauvais temps se concentrera sur le nord de la France et sur la Manche. Forte bourrasque au nord de la Baltique.

Le 8, le mauvais temps ne discontinuera pas sur le nord de la France et s'étendra jusque sur le centre. Au nord, la bourrasque de la veille sévira toujours sur la Baltique.

Le 9, quelques pluies passeront sur le midi de la France et sur le nord de l'Espagne. Légère bourrasque au nord des îles Britanniques.

Le 10, une bourrasque abordera la Manche et le Nord de la France. Grands vents.

Le 11, pluie ou pluvieux sur le centre de la France.

Le 12, mauvais temps dans tout le midi de la France.

Le 13, le mauvais temps se portera sur le nord de l'Espagne, sur la Méditerranée, et sur le nord et le centre de l'Italie.

★

Le 14, pluies au centre de l'Espagne. Le mauvais temps se maintiendra au midi de l'Italie.

Le 17, pluvieux ; pluie au nord de l'Espagne et sur l'extrême sud de la France.

Le 18, le temps variable de la veille s'étendra à tout le midi de la France.

Le 19, pluies éparses sur le centre de la France.

Le 20, quelques pluies tomberont sur le nord de la France.

Le 21, un fort mauvais temps abordera l'Europe : au nord, sur l'Irlande, le midi de l'Angleterre, la Manche et la mer du Nord ; au midi, sur le sud de l'Espagne, les côtes de l'Algérie, la Méditerranée et le midi de l'Italie.

Le 22, le mauvais temps s'étendra sur le nord de l'Espagne, sur presque toute la France, sur la Méditerranée, le nord de l'Italie et de l'Adriatique. Au nord, il sévira sur le nord de la Baltique et des îles Britanniques.

Le 23, le mauvais temps se continuera sur le midi et le centre de la France.

Le 24, il se transportera sur le nord de la France et sur la Manche. Une forte bourrasque sévira au nord de la Baltique. Des pluies passeront aussi sur le midi de l'Espagne et sur les côtes de l'Algérie.

Le 25, le mauvais temps arrivera sur le centre et le nord des îles Britanniques et de la mer du Nord et sur la Baltique au sud de Stockolm. Il sévira aussi sur le centre et le nord de l'Espagne, sur la Méditerranée, sur le midi et le centre de l'Italie et sur les côtes de l'Algérie.

Le 26, le mauvais temps régnera toujours. Il sera sur le midi et le centre de la France, sur le centre de l'Espagne, sur la Méditerranée et le centre de l'Italie. Une bourrasque sévira sur la Baltique à la latitude de Stockolm.

Le 27, le mauvais temps se transportera sur le midi et le nord de la France, sur le nord de l'Italie et de l'Adriatique et sur le nord de la Baltique.

Le 28, le mauvais temps s'étendra un peu plus vers le nord dans toutes les régions, c'est-à-dire qu'il sera sur le centre de la France, sur la Manche, le midi de l'Angleterre et l'extrême nord de la Baltique.

Le 29, toujours mauvais temps dans les mêmes régions.

Le 30, encore mauvais temps dans les mêmes lieux que les jours précédents.

Le 31, le mauvais temps ne discontinuera pas encore et s'étendra sur le nord de l'Espagne.

Aperçu général.

Comme on a pu le voir, le mois de décembre se montrera remarquablement mauvais dans presque toutes les contrées, mais en France surtout. Les marins auront beaucoup à souffrir des mauvais temps sur presque toutes les mers de l'Europe; ils ne sauraient se montrer trop prudents surtout pendant toute la troisième dizaine et les quelques jours de la première et de la seconde dizaine pour lesquels le temps est indiqué mauvais.

Les périodes du 10 au 12 et du 17 au 21 seront presque partout très-humides et très-froides. Pendant tous ces jours, sur divers points, il soufflera de grands vents.

En général de grands vents accompagneront aussi les mauvais temps de la première, de la seconde, et surtout de la troisième dizaine.

Tous les mauvais temps qui séviront pendant ce mois seront assez généraux, mais j'ai indiqué les jours les plus à redouter et les lieux les plus menacés.

APERÇU GÉNÉRAL SUR L'ANNÉE 1868.

Il me reste peu à faire pour compléter ce que je viens de dire sur l'année 1868 dont on peut bien déjà entrevoir la physionomie. Mais, comme abondance ne peut nuire, ici surtout, on trouvera bon que j'ajoute quelques réflexions qui ne me sont inspirées, comme toujours, bien entendu, que par les calculs qui m'ont servi de guide et qui, ainsi que je l'ai déjà dit il y a un an, sont toute la lumière dont je suis éclairé quand j'entreprends la tâche difficile de lire dans l'avenir.

Un des caractères particuliers de l'année 1868 sera de présenter très-fréquemment des transitions brusques de température. Il arrivera parfois souvent que le thermomètre descendra relativement très-bas et que, peu de jours après, il montera jusqu'à s'élever même au-dessus du niveau qu'il atteint le plus habituellement dans les différentes saisons. Or, ces changements subits de température seront extrêmement contraires à la santé, et on ne saurait prendre trop de précautions pour éviter d'en être impressionné. Beaucoup de maladies, les épidémies même n'ont souvent d'autre cause que des variations soudaines auxquelles notre corps n'était pas préparé ou contre lesquelles il ne s'était pas prémuni.

**

A part ce désagrément et tous les autres que j'ai déjà eu occasion de relever, l'année 1868 se présente, en somme, sous d'assez beaux aspects, mais moins rassurante cependant pour la marine que pour l'agriculture, car les marins auront à compter de mauvais jours pour eux dans presque toutes les saisons, et particulièrement dans les mois de janvier, février, mars, juillet, août, septembre, octobre, novembre et décembre.

Quant à l'agriculture, elle se trouvera *assez bien* de l'année 1868.

Janvier ne permettra peut-être pas au cultivateur d'exécuter à son gré les travaux de l'hiver, mais le mois de février le dédommagera en lui fournissant, par quelques beaux jours, les moyens de réparer le temps perdu.

Mars et avril, en dépit de quelques nuits froides, viendront à propos pour réveiller la nature et activer la végétation qui, selon toute probabilité, se trouvera très-avancée au commencement du mois de mai. Ce dernier mois ne sera peut-être pas tout aussi favorable à cause du refroidissement qui surviendra pendant plusieurs jours : on ne peut cependant pas le classer parmi les plus mauvais. Avec quelques précautions, la première récolte des fourrages pourra se faire dans d'assez belles conditions, quoique les séries de beaux jours paraissent devoir être courtes.

L'été (les mois de juin, juillet et août) sera chaud et sec, en juin surtout. En juillet et août, les pluies seront plus fréquentes et plus abondantes ; et s'il est à redouter, comme je l'ai déjà dit, que parfois elles causent des dégâts en plusieurs endroits, en bien des lieux, au contraire, elles feront le plus grand bien aux récoltes en terre qui auront souffert de la sécheresse.

Les mois de septembre et d'octobre seront loin d'être beaux et favorables aux dernières récoltes. Les vendanges ne pourront, en général, s'effectuer dans de très-bonnes conditions. Les pluies persistantes, ainsi que les autres jours couverts ou pluvieux nuiront beaucoup à la qualité du vin, surtout dans les vignobles où les vendanges seront tardives.

Novembre aura aussi ses mauvais jours, au commencement; mais enfin il nous dédommagera par une belle quinzaine de tout ce qu'auront eu de désagréable les mois précédents. Les travaux de la terre pourront alors être terminés à la satisfaction de l'agriculteur.

Enfin, viendra le mois de décembre qui nous donnera fort peu de beaux jours et sera certainement un des plus mauvais de l'année. Aussi je répéterai ici ce que j'ai déjà dit aux marins : de se tenir sur leurs gardes et de ne négliger jamais, surtout pendant les six derniers mois de 1868, aucune des précautions que conseille la prudence en prévision du danger.

Tel est le dernier conseil que je crois devoir donner en terminant. Dieu veuille qu'il devienne inutile.

St-Paul (Tarn), le 1er août 1867.

J. Laugé.

UN NOUVEAU PRONOSTIC.

La prescience du temps, on peut le dire, est passée à l'état de science positive; et tout le monde convient aujourd'hui qu'il est possible d'indiquer bien à l'avance l'arrivée du beau et du mauvais temps; mais quels que soient les résultats auxquels on puisse arriver mathématiquement, il n'en sera pas moins intéressant pour nous d'étudier toujours les phénomènes météorologiques dans tous leurs détails. Souvent cette étude minutieuse, en nous révélant des rapports inaperçus, des faits inconnus ou inobservés, nous permettra d'apporter de nouvelles lumières dans l'explication de bien des phénomènes qui, quoi qu'on en dise, sont encore pour nous des secrets. La nature nous étonne par ses merveilles; mais si rien n'égale la variété qu'elle a répandue dans toutes ses œuvres, faut-il dire aussi que rien n'égale la simplicité des moyens qu'elle emploie pour arriver à ses fins. Là, rien n'est grand ni petit, tout a la même importance. Les plus grands phénomènes qui excitent notre admiration et provoquent notre étonnement, comme le cours des astres, la marche uniforme des saisons, n'ont pas besoin, pour régler et soutenir leur marche, d'un levier plus puissant que la fleur pour éclore, la graine la plus légère pour germer, ou la goutte d'eau pour se réduire en glace ou en vapeur.

Ainsi, la nature est toujours simple et sublime dans ses moindres actes comme dans ses plus surprenantes manifestations. Aussi, pour élever jusqu'à ces dernières notre intelligence bornée, elle a pu se contenter de placer sur nos pas et tout à fait à notre portée des phénomènes multipliés, nous invitant à en rechercher les ressorts, afin que, d'anneau en anneau, nous puissions nous élever jusqu'au sommet de cette admirable chaîne qui, partant de bas, relie à notre monde les mondes les plus éloignés.

Mais parmi tous les détails intéressants que peuvent nous fournir les phénomènes météorologiques, l'étude des indices précurseurs de ces phénomènes est celle qui a toujours le plus vivement piqué la curiosité et passionné la multitude. Ce cachet de secret, et aussi d'utilité, que porte avec lui tout ce que nous appelons pronostic, nous plaît et nous attire : aussi, trouve-t-on peu de personnes, parmi celles qui vivent au sein de la nature, qui n'aient leurs remarques, leurs observations particulières pour augurer à l'avance du beau et du mauvais temps. J'ai donc pu espérer d'être en même temps agréable et utile au public en consignant ici les résultats d'une observation que j'ai eu occasion de faire et que personne que je sache n'avait jusqu'ici rapportée. Peut-être, aussi, serai-je assez heureux pour appeler l'attention de quelque savant sur un sujet non exploré encore et qui pourrait fournir à la science un nouveau champ d'études et d'observations.

Tout le monde, certainement, a pu remarquer que les fils télégraphiques tendus le long des routes rendent souvent un son particulier, en vibrant contre les godets de porcelaine qui les isolent des supports. Cette vibration produit un son monotone, persistant, et peut avoir lieu par tous les temps, que l'air soit calme ou agité, avec un ciel couvert ou sans nuages; je n'ai jamais pu saisir une relation quelconque entre ce bruit et les variations atmosphériques. Mais, à certains moments, les fils télégraphiques éprouvent une vibration toute différente, rendent un son, un bruit qu'il est impossible de confondre avec le premier et qui est un indice certain de la prochaine arrivée du mauvais temps. Ce son ou ce bruit est instantané, très-fort, et on ne peut mieux le comparer qu'à celui que ferait un fort coup de tonnerre qui éclaterait dans le lointain, et dont les derniers roulements iraient s'éteignant plus loin encore dans la direction du fil; l'analogie est frappante. Souvent encore j'ai pu le trouver ressemblant au bruit que ferait une forte charrette roulant bruyamment et précipitamment sur un pavé grossier.

Plusieurs fois ce bruit étrange et soudain avait attiré mon attention (car le fil télégraphique s'appuie sur deux supports implantés dans le mur de ma maison), sans que j'eusse découvert la cause qui le produisait; mais, quand je me fus assuré qu'il provenait d'une forte vibration, d'une commotion éprouvée par le fil télégraphique, je fus amené à conclure que ce bruit ne poüvait être occasionné que par une forte perturbation d'une nature particulière survenue dans l'air, et, partant, qu'il devait avoir quelque rapport avec l'arrivée plus ou moins prochaine du mauvais temps. En effet, l'observation ne

tarda pas à me fournir invariablement les remarques suivantes :

1° Ce son ou ce bruit ne précède que les
fortes perturbations atmosphériques qui doivent
se produire avec grands vents et fortes pluies,
comme les tempêtes, les ouragans, etc. ;

2° Il est d'autant plus fort, plus intense, que
le mauvais temps prochain doit être lui-même
plus violent et se prolonger davantage ;

3° A l'approche des plus fortes tempêtes, il
s'est répété jusqu'à trois et quatre fois, à quelques minutes d'intervalle ;

4° Quand il traîne et est peu prononcé, il
est l'indice d'un mauvais temps éloigné ;

5° Il précède toujours de vingt-quatre heures
exactement l'arrivée des mauvais temps ;

6° Il n'a pu être remarqué précédant les temps
d'orage.

Ces règles ont été toujours d'une exactitude
rigoureuse.

Maintenant, ce son ou ce bruit produit par un
fil télégraphique tendu est-il local ou se fait-il
entendre sur toute la ligne ? C'est ce que je
ne saurais dire d'une manière certaine ; mais
c'est ce que l'observation nous apprendra. Cependant, il y a tout lieu de croire qu'il doit par-
courir toute la ligne et qu'on ne l'entend qu'à
l'instant de son passage.

Dans tous les cas, si l'observation confirme,
comme je n'en doute pas, l'existence de cette
nouvelle propriété des fils télégraphiques, on
voit immédiatement tout le parti que les marins
pourront en tirer sur un vaisseau, en tendant
un fil de cette nature sur des plaques sonores,
pour rendre les roulements plus distincts. La

chose serait simple, mais elle ne manquerait pas d'utilité. Je me contente de signaler cette application en passant.

Cette vibration soudaine et instantanée, si ressemblante à celle que produit le tonnerre dans l'air, est, comme cette dernière, une manifestation de l'électricité. Cet agent, qui ne nous est connu que par ses effets, se forme ou se développe constamment sous l'action des lois de la nature qui produisent les fluctuations de l'atmosphère. Il est impossible, en effet, d'admettre, avec le plus grand nombre des physiciens, que le fluide électrique, répandu dans l'espace pendant les orages, provient uniquement des causes qu'ils ont signalées. L'évaporation des eaux, le frottement de l'air contre la terre ou celui des nuages contre le flanc des montagnes, etc., etc.; tous ces phénomènes peuvent être des sources d'électricité, mais, par le peu qu'ils en développent, ils ne peuvent suffire évidemment à expliquer la présence dans l'air de la masse prodigieuse qu'on y remarque pendant les temps d'orage. Non, je le répète et qui sait si on ne le prouvera pas quelque jour? le fluide électrique se forme constamment au sein de l'atmosphère sous l'action immédiate des lois qui régissent la nature, et, pour cette raison, se trouve mêlé à tous les météores, dont il devient l'âme ou le caractère. Car les lois de la nature seules agissent sur l'atmosphère pour en causer toutes les fluctuations; mais ces fluctuations, une fois produites, sont modifiées de mille manières par les autres agents, par le calorique surtout, pour donner lieu à une infinité de phénomènes différents.

Par cette admirable organisation, tout s'enchaîne, et les effets, à leur tour, deviennent des causes. Les variations atmosphériques nous présenteraient sans cesse la même uniformité, sans les influences si variées que les circonstances locales et la température exercent sur le fluide électrique dont ces variations sont toujours accompagnées; mais, par le concours de toutes ces causes secondaires, elles nous offrent mille caractères, tous effets ou manifestations de la matière électrique dans ses divers états.

C'est pour cette raison que chaque saison et chaque climat ont leurs phénomènes particuliers : ici, l'été est pour nous la saison des orages, la saison où la matière électrique nous manifeste le plus visiblement sa présence dans l'atmosphère et sa puissance ; l'hiver et le temps des équinoxes sont la saison des tempêtes, des ouragans : c'est alors que soufflent les grands vents. Mais ces tempêtes, ces ouragans, tous ces cataclysmes dévastateurs, quoique d'un caractère bien différent des orages, n'en sont pas moins cependant, comme eux, des effets de l'électricité. Toute la différence en est, je le répète, que sous l'influence de la température, le fluide électrique peut se présenter sous des états différents, acquérir des propriétés diverses et, partant, modifier de mille manières les phénomènes atmosphériques.

Quoi donc d'étonnant qu'à l'approche des grands bouleversements atmosphériques, l'immense masse de fluide électrique, qui est sur le point de jouer un si grand rôle, manifeste sa présence par des décharges successives sur les fils télégraphiques, alors surtout qu'il ne

peut agir comme il le fait pendant les orages?
Ne sait-on pas que ces fils jouissent de toutes
les qualités propres à attirer l'électricité? Ils
ont une étendue considérable, ils sont bons
conducteurs et, de plus, parcourus à chaque
instant par des courants artificiels. Or, l'expérience a appris qu'il n'en faut pas davantage
pour que les objets placés dans ces conditions
soient de préférence atteints par l'électricité de
l'atmosphère. Le phénomène que je signale aujourd'hui au sujet des fils télégraphiques a donc
toute raison d'être.

Et puis, pouvons-nous connaître toutes les
propriétés du fluide électrique? Est-ce que chaque
jour ne nous en révèle pas de nouvelles? Sa-
vons-nous où commence son action, où finit son
empire? Si des observations minutieuses ten-
dent à nous montrer cet agent comme le levier
dont se sert la nature pour produire les plus
insensibles mouvements, n'est-il pas aussi la
force la plus puissante dont elle dispose et avec
laquelle elle étale à nos yeux les scènes les
plus sublimes? Pour nous en convaincre, consi-
dérons une fois le spectacle imposant que l'atmosphère offre à nos regards pendant un orage,
et en voyant les éclairs sillonner les nuages et
éclairer les nuits les plus obscures d'une lumière qui n'a d'égale que celle du soleil; en
entendant le tonnerre gronder, labourer l'espace,
ébranler les cieux par ses longs et profonds
roulements, peut-être conviendrons-nous que ce
fluide qui produit de si grands effets est bien
un agent dont il ne nous a pas été donné de
mesurer l'étendue et la puissance.

Je ne voudrais pas, en terminant, me laisser

emporter au-delà de la réalité ; mais je ne puis m'empêcher d'exprimer une idée qui me plaît beaucoup et à laquelle, avec plaisir, j'accorde plus d'un moment dans mes méditations. Je me dis :

« Si l'homme peut opérer des merveilles avec une étincelle de ce fluide électrique, qu'il a trouvé le moyen de produire et qui n'est, à vrai dire, qu'un reflet de l'éclair dont nous sommes éblouis, que ne ferait-il pas si, toutes proportions gardées, il possédait l'éclair de l'atmosphère ! »

Mais pour obtenir un si beau résultat, où est le secret ? Peut-être étudier la nature et l'imiter.....

J. LAUGÉ.

COMMENT ET POURQUOI CERTAINES PERSONNES JOUISSENT DE LA FACULTÉ DE PRÉDIRE LE MAUVAIS TEMPS.

Dans le commerce de notre vie intime, nous avons tous bien souvent parlé de la pluie et du beau temps, et il nous est arrivé aussi à tous, à ce sujet, d'exprimer quelque crainte ou de manifester un désir. C'est que, quoi qu'on en dise, cette question est toujours une des plus intéressantes, et que bon gré, mal gré, il faut sans cesse y revenir. Voilà ce qui explique pourquoi elle a, dans tous les temps, donné lieu à une foule de remarques dont le public a su quelquefois tirer parti ; et alors, ces remarques, à chaque instant étayées de nouveau par l'expérience, se sont perpétuées, et grand nombre d'entre elles nous sont arrivées sous le nom et la forme de croyances ou de préjugés populaires. L'origine même de ces croyances fait donc qu'elles méritent qu'on s'y arrête pour en apprécier la valeur et en recueillir les enseignements quand elles en contiennent pour nous.

Je ne parlerai que d'une seule parmi les plus intéressantes : c'est celle qui attribue à certaines personnes la faculté de prédire quelques jours à l'avance le beau et le mauvais temps, d'après des impressions plus ou moins douloureuses qu'elles ressentent dans certaines parties de leur corps. Eh bien ! il est évident que les indications ainsi fournies doivent être le plus souvent exactes, puisque, comme les oscillations de la colonne barométrique, elles ont leur cause dans les variations de la pression atmosphérique.

Entrons dans quelques détails.

L'air qui nous environne, sans lequel nous ne pourrions vivre, nous paraît d'une légèreté extrême ; mais il n'en est pas moins pesant. Pris en petite quantité, ce poids de l'air est à peine appréciable ; mais la masse de ce fluide qui environne la terre ayant une très-grande épaisseur, elle exerce à la surface de tous les corps une pression extrêmement forte. Nous aurons une idée de cette pression, si nous nous représentons que sur une surface de deux décimètres carrés, c'est-à-dire sur une surface grande à peu près comme le dessus de la main, elle est de près de 180 kilogrammes, et que celle que l'air exerce sur notre corps s'élève au moins à 15 ou 16 mille kilogrammes.

Cette pression est, dans la nature, la cause de bien des phénomènes qui, à chaque instant, se passent sous nos yeux. Par exemple, c'est elle qui fait monter l'eau dans les pompes aspirantes. Au fur et à mesure que le vide s'opère au moyen du piston, la pression extérieure, qui s'exerce à la surface de l'eau, force le liquide à s'élever dans l'intérieur du corps de pompe. L'eau peut ainsi s'élever par aspiration jusqu'à la hauteur de 10 mètres environ; mais à cette hauteur la colonne d'eau fait équilibre à la pression atmosphérique, et par conséquent la force extérieure se trouvant neutralisée, l'eau cesse de s'élever.

Sur une haute montagne, la colonne d'air étant diminuée de toute la hauteur de la montagne, on trouverait que la pression serait beaucoup moindre.

Mais revenons à notre sujet. — Comme on l'a vu, la pression que l'air exerce sur notre corps est énorme, et certainement nous devrions en être écrasés. Mais le Créateur, en nous donnant l'existence, nous destina à vivre dans l'air, et à cette fin, il nous doua des moyens de contre-balancer cette pression énorme, afin de nous laisser jouir de tous les avantages que cette force pourrait nous procurer, sans nous en faire ressentir aucun des inconvénients. A cet effet, il plaça dans l'intérieur de notre corps d'autres fluides, liquides et gaz, tels que le sang, la bile, etc., auxquels il donna une force d'expansion égale à la pression atmosphérique. Par cet équilibre, non-seulement cette pression ne nous incommode pas, mais elle est encore une des conditions nécessaires à notre existence.

Si cette pression cessait d'agir un moment, nos fluides intérieurs, n'étant plus retenus dans leurs vaisseaux particuliers, s'épandraient au-dehors, et nous verrions notre sang s'échapper du corps par tous les pores.

Mais cette pression atmosphérique n'est pas constante, régulièrement la même; elle est au contraire fort variable. Diverses causes concourent à produire ces variations, soit en dilatant l'air, soit en le déplaçant. La chaleur, le froid, les vents sont au nombre de ces causes.

Or, les variations de la pression atmosphérique, étudiées et mesurées au moyen d'un instrument nommé *baromètre*, et que tout le monde connaît, ont fourni d'utiles remarques. Ainsi on a constaté, ce qui est très-intéressant, que la pluie ou le mauvais temps ne survient qu'avec une diminution dans la pression atmosphérique et que, contrairement, une forte pression doit nous amener le beau temps. Telle est la règle générale.

Il est donc bien démontré qu'il existe une relation intime entre le beau et le mauvais temps, et l'augmentation ou la diminution de la pression de l'air.

Mais quelle que soit cette pression, les fluides qui circulent dans l'intérieur du corps de l'homme doivent toujours lui faire équilibre pour que la personne n'ait pas à être incommodée. Or, il peut arriver et il arrive, en effet, trop souvent, que par un vice de constitution quelconque, soit naturel, soit accidentel, dont sont atteints un ou plusieurs membres de notre corps, les vaisseaux qui contiennent les fluides intérieurs sont altérés, brisés, déplacés. Ces fluides se trouvent alors dans une condition anormale, et leur effet ou leur action ne peut plus se manifester dans son véritable sens ; cette action peut être ou trop faible ou trop forte : dans les deux cas, inconvénient, car, la pression atmosphérique variant, l'équilibre ne peut être maintenu ; il est rompu, et cette rupture amène naturellement chez la personne une douleur dans la partie défectueuse de son corps.

Cela est d'autant plus vrai que les variations de l'atmosphère ne se manifestent ainsi en impressions douloureuses que chez les personnes dont une longue maladie rhumatismale a altéré les tissus dans une partie du corps, ou encore chez celles qui, par suite d'accidents, ont éprouvé de fortes contusions, de graves blessures. Le temps, en cicatrisant les plaies à l'extérieur, n'a pu remettre les tissus, les fibres, les vaisseaux à leur véritable place, ou les souder convenablement s'ils ont été séparés ou brisés. Les fluides se trouvent alors détournés, gênés ou arrêtés ; il en résulte un désordre dans leurs fonctions quand la pression atmosphérique varie ; ils ne peuvent, dans tous les cas, lui faire un équilibre stable, et la personne éprouve un malaise plus ou moins grand.

Ce malaise ou ces douleurs éprouvées ainsi par certaines personnes étant le résultat d'un changement dans la pression atmosphérique, elles doivent avoir les mêmes relations que cette dernière avec les changements de temps. Voilà, en effet, ce que l'on observe, ce que l'expérience de tous les jours démontre, malheureusement avec trop d'évidence, chez certaines personnes.

Destinés que nous sommes à vivre dans l'air,

il serait facile de démontrer, d'ailleurs, que notre constitution a avec cet élément plus d'un rapport intéressant pour notre santé, pour notre bien-être même, et que ce qui nous paraît parfois le résultat du hasard est tout simplement l'effet des lois de la nature.

C'est à l'effet, à l'action que ces mêmes lois produisent sur les animaux que la plupart d'entre eux doivent la faculté de prévoir aussi le mauvais temps. A l'approche de l'orage ou de la tempête, ils manifestent leurs inquiétudes ou leurs craintes par des cris ou des actes qui ne leur sont pas habituels; ils se plaignent contre un équilibre rompu ou cherchent à le rétablir. Le coq chante à l'heure inaccoutumée; le pigeon aime à se plonger dans l'eau en agitant ses ailes; l'hirondelle pour raser la terre abandonne le haut des airs; le bœuf mugit, regarde le ciel et s'agite; le poisson qui vit dans les eaux profondes remonte à la surface; les oiseaux de mer abandonnent les flots pour chercher un refuge sur la plage.

Agriculteurs et vous marins, ne dédaignez pas de consulter ces indices.

J. L.

ÉTUDES SUR LA MALADIE DE LA VIGNE.

TRAITEMENT CONTRE L'OÏDIUM.

Depuis quelques années, et dans ces derniers temps surtout, on a beaucoup parlé et beaucoup écrit sur la maladie de la vigne, sur ce fléau terrible qui a nom l'*oïdium*. Bien des études aussi ont été faites pour rechercher la cause, la nature de cette maladie; mais, malheureusement, elles n'ont pas été couronnées par un succès complet, puisque les opinions sont encore sur ce point fort partagées. Mais ce qui est resté plus stérile encore, ce sont les essais qu'on a tentés pour anéantir, pour détruire cette cause de désolation qui porte depuis tant d'années la misère et le désespoir dans les pays de vignobles. Ce qui a été mis en usage jusqu'ici a quelquefois atténué le mal, l'a modéré, mais ne l'a pas vaincu. Aussi reparaît-il toujours plus grave et plus terrible.

Est-ce à dire donc que devant ce redoutable fléau l'homme devra avouer son impuissance et remettre entre les mains du temps de l'en délivrer? Nous ne le pensons pas, car la Providence, dans sa bonté, a toujours placé, dans la nature, les remèdes à côté même des plus grands maux.

Si tout ce qui a été tenté jusqu'ici pour détruire l'oïdium n'a pas été efficace, c'est peut-être que le remède n'a pas été trouvé, et peut-être aussi qu'il a été mal employé. Nous ne voyons pas, en effet, qu'on ait compris qu'il faut attaquer le mal dans son germe, et que c'est par conséquent à la recherche de ce germe qu'il faut s'attacher. Or, la nature de l'oïdium nous est fort peu connue, pour ne pas dire inconnue. Ceux qui sont les plus avancés sur cette matière nous enseignent que l'oïdium est un insecte ou que du moins il est produit par un insecte qui, se propageant avec une rapidité extraordinaire, s'attaquerait aux ceps et aux raisins, les picoterait et, à l'aide dé ses appareils dévastateurs, irait détourner la sève pour s'en nourrir ; il ferait ainsi tomber le raisin dans un état de décrépitude, de rabougrissement qui l'empêcherait de croître et de mûrir. Cette théorie est assez vraisemblable. Mais d'autres naturalistes, et c'est le plus grand nombre, soutiennent au contraire que la maladie de la vigne est occasionnée par une espèce de champignon, par un végétal qui prendrait aussi naissance sur les raisins et les ceps, et formerait autour d'eux comme une espèce de réseau qui, les étreignant fortement et s'emparant à son profit des sucs nourriciers, s'opposerait à leur croissance.

Dans les deux cas, le malheur est le même.

Après tout, que l'oïdium soit insecte ou champignon, son germe a certainement les moyens de se conserver tous les ans pour se développer l'année suivante : il serait trop pénible pour nous d'être obligés, en cette occurence, d'admettre la théorie des générations spontanées. Or, ce germe, s'il se conserve, s'il se perpétue, a nécessairement son gîte quelque part, alors que toute action de la maladie est finie sur la vigne; et, tout bien examiné, on est obligé d'admettre que ce germe ne peut être déposé que dans le sol, sur les ceps, sur les sarments, les feuilles ou les raisins.

Quand vient l'époque, les raisins et les sarments sont enlevés pour ne pas reparaître sur les lieux où ils ont poussé; ce n'est donc pas par là que le mal peut se perpétuer. Les feuilles ? mais les gelées occasionnent leur chute, le vent les emporte pour la plupart, et celles qui pourraient rester pour servir de point de départ à l'oïdium subissent, pendant un hiver entier, les terribles épreuves des neiges et des geleés, ce qui laisse peu à croire que ce soient elles qui puissent conserver le fléau.

Cependant, il est bien démontré qu'il y a des œufs d'insectes et des insectes eux-mêmes qui, dans une mort apparente, bravent les sécheresses les plus prolongées et les causes de destruction les plus multipliées, pour repeupler aussitôt la vase des marais dès qu'un peu d'humidité seulement les remet dans leur élément. Pourquoi donc n'y aurait-il pas aussi des insectes qui, par contraire, pourraient braver les froids rigoureux et l'humidité pour se développer sous l'influence bienfaitrice d'un doux soleil de printemps ? Vrai, la chose ne paraît pas impossible.

Il ne devrait donc y avoir rien d'étonnant à ce que cette faible portion de feuilles qui reste sur le sol fût pour l'année suivante un des foyers d'où sortira l'oïdium. Mais, heureusement, l'observation nous montre sans grands efforts que les lieux où, pendant l'hiver, les feuilles s'accumulent en plus grande quantité, ne sont pas ceux où la maladie sévit avec le plus de violence ; et de ce fait nous pourrions même tirer une première conclusion, à savoir que le germe de l'oïdium déposé sur les feuilles ne peut résister aux intempéries de l'hiver. Il est donc bien certain que les feuilles, pas plus que les raisins et les sarments, ne peuvent perpétuer le mal.

Restent donc le cep et le sol.

Et d'abord le cep : qui ne sait ce qui se loge

d'insectes et par conséquent combien de générations en germe sont déposées dans les mousses et sous les écorces sèches qui recouvrent les ceps et qu'on ne prend pas toujours la peine d'enlever? Le germe de l'oïdium peut-il n'être pas là? Certes le gîte peut lui paraître agréable et commode autant que sûr peut-être, et à sa portée.

Mais le sol? Voici qui est plus important à savoir et ce à quoi on ne pense pas généralement: c'est que l'oïdium se retire aussi dans le sol pour passer la mauvaise saison. Il est sans doute difficile de l'y retrouver, mais il ne nous est pas possible d'en douter et nous serons même amené par les faits à convenir que le germe de l'oïdium ne se conserve que là, ou que du moins il est là en plus grande abondance que partout ailleurs.

Oui, l'oïdium, quand il a fini ses ravages, se retire dans le sol pour y déposer son germe à l'abri de toute destruction, guidé en cela par l'instinct dont la nature a pourvu tout être, et protégé par mille moyens. Car, on le sait, la nature a pris toutes les précautions d'une mère prévoyante pour la conservation pendant la mauvaise saison et la propagation au printemps des insectes et des plantes les plus infimes. Ainsi, les œufs de certaines chenilles sont agglomérés dans un nid attaché à une branche et recouverts d'une soie impénétrable à l'humidité, ou bien pelotonnés dans la terre au pied des mêmes arbres où vécurent leurs parents. D'autres œufs sont réunis en formes de bague autour d'une petite branche et enduits d'un vernis conservateur qui les préserve de toute atteinte. Dès

que le soleil de mai ou de juin fait pousser
les bourgeons des arbres, tous ces œufs éclosent
et les larves trouvent aussitôt dans les feuilles
tendres des bourgeons une nourriture appropriée
à leur délicat appétit.

Mais la nature n'a qu'une loi générale, mo-
difiée suivant les espèces. Ainsi, si elle prend
soin de la progéniture des insectes suspendus
aux branches sur lesquelles ces insectes se
perpétuent, elle n'oublie pas les œufs des autres insectes qui vivent sur ou dans la terre ;
les œufs enfouis dans le sol sont conservés,
comme la graine des plantes, pendant la mauvaise
saison. Ces insectes eux-mêmes ne périssent pas
par le froid, la nature leur ayant donné les
moyens de le prévoir et de s'y soustraire. Il
n'y a que les accidents ou les sinistres spon-
tanés qui les surprennent dont ils aient à souffrir.
Eh bien ! ce qui a lieu pour tous les êtres,
pour les végétaux et les animaux, a aussi lieu
pour l'oïdium, quel que soit d'ailleurs le règne
auquel il appartient. L'hiver ne parvient point
à le détruire ; comme dans toutes les colonies
d'insectes, le froid ne frappe que les individus
attardés ou les germes exposés à ses rigueurs.

Pour que les grands froids atteignent l'oïdium
dans ses sûres retraites et le détruisent, il faut
le concours de plusieurs circonstances indispen-
sables dont les principales à coup sûr sont
l'intervention de la main de l'homme et une
exposition du terrain favorable à l'action des
vents et de la température. Toutes ces conditions sont moins difficiles à réaliser qu'on ne
pense, puisque la main de l'homme est là
toujours prête, et que telle exposition qui n'a

pas été favorable une année, peut certainement l'être l'année suivante. L'oïdium peut donc être atteint, et il n'est pas impossible de le vaincre.

Pour nous persuader davantage et nous affermir dans cette conviction, étudions les faits : ils sont frappants et en disent plus que toutes les théories.

Dans un vignoble atteint par l'oïdium, il sera toujours possible de trouver une parcelle de terrain, petite ou grande, où le fléau sévira avec plus de violence. Ce terrain sera toujours plus graveleux, plus léger que le reste, souvent plus abrité, ou jouira d'une exposition privilégiée par rapport au soleil. Le terrain sera sablonneux, parce qu'un terrain de cette nature permettra à la maladie de s'infiltrer plus avant dans la terre pour s'y soustraire aux atteintes du froid ; parce qu'au retour du printemps le terrain graveleux s'échauffe plus vite que tout le reste aux premiers rayons du soleil, et que cette chaleur se propageant de couche en couche ira réveiller l'oïdium et aider à l'éclosion du germe. La maladie sortira alors de sa retraite, pleine de vigueur, pour bondir sur la végétation naissante. L'exposition du terrain concourra à activer tous ces phénomènes. Contrairement, dans un vignoble atteint encore par la maladie, il sera possible de trouver un espace de terrain plus ou moins grand, que l'oïdium, tous les ans, semblera respecter, et où les raisins se développeront au gré du viticulteur. Si l'on y regarde de près, on s'apercevra bien vite que ce terrain est le plus compacte, le plus argileux, le plus froid, le moins accessible à l'air. Naturellement, dans ce terrain, l'oïdium ne peut s'infiltrer pour se mettre à l'abri des causes de destruction, ou bien, s'il s'y réfugie, il y trouve une température inhospitalière qui ne lui permet pas de se perpétuer.

Cet effet peut encore être obtenu par une exposition ou trop froide ou trop aérée.

Il peut arriver aussi que le terrain épargné soit un terrain rocailleux, pierreux, dans lequel l'oïdium pourra se chercher un gîte, où certainement il sera aussi à l'abri des rigueurs de l'hiver; mais quand une douce température l'invitera au réveil, il sera forcément la victime de cette température traîtresse : car, le terrain pierreux s'échauffera trop vite et trop tôt aux rayons des premiers soleils, et alors l'oïdium, abandonnant sa retraite sur l'invitation de cette douce température, ne pourra résister aux nuits et aux matinées froides, ainsi qu'aux gelées de l'époque.

Comme on le voit, la propagation de la maladie dans ces conditions est matériellement impossible et, pour le démontrer, l'expérience vient à l'appui du raisonnement.

Mais il est un autre fait dont on peut s'assurer encore et qui prouve, une fois de plus, que l'oïdium n'est pas insensible aux influences atmosphériques et que son développement est, plus qu'on ne croit, lié avec ces dernières. C'est que parmi les ceps malades, certainement tous ne le sont pas également. Eh bien! on pourra remarquer, nous ne disons pas toujours mais très-généralement, que pris en particulier les ceps les plus malades sont aussi les plus abrités. Cet abri leur est fourni par le voisinage d'un arbre à l'ombre duquel on les trouve le plus souvent. Ainsi protégés, ces ceps semblent jouir d'une température plus égale, exempts des fortes chaleurs qui ne les atteignent pas et abrités l'hiver par le même arbre qui les préserve des vents ou empêche un rayonnement nuisible.

Toutes ces particularités, qui nous permettent de considérer l'oïdium sous un jour nouveau, de lire presque dans son existence, nous ont été révélées par une observation attentive, non pas d'un jour, mais de plusieurs années.

De tous ces faits, que conclure maintenant au sujet de la maladie de la vigne ?

Ceci :

Que l'oïdium pour se perpétuer laisse tous les ans un germe; que ce germe est en grande partie déposé dans le sol et qu'il ne peut résister aux intempéries de l'hiver s'il s'y trouve exposé.

Puisque, comme nous l'avons déjà dit, par les soins de la nature, ce germe est déposé dans le sol à l'abri de toute cause de destruction, c'est à la main de l'homme d'intervenir pour troubler l'harmonie de la nature. Il y a pour cela un moyen bien simple. Il consiste dans un remaniement de la terre pendant le froid et l'humidité, en un mot à donner à la terre une façon avant ou pendant l'hiver. Cette opération aura pour but de mettre au contact de l'air, qui les détruira, une infinité de germes divers, parmi lesquels l'oïdium.

Tel est le traitement nouveau que nous conseillons, non point pour servir de palliatif à l'oïdium, pour le paralyser, comme le fait le soufrage, mais pour le détruire, pour l'anéantir dans son germe même.

Nous qualifions cette manière d'opérer un traitement et non point un remède, parce qu'il faudra qu'aux efforts de l'homme s'ajoute aussi ce que nous avons appelé le concours des circonstances. Il est possible, en effet, que le remaniement de la terre opéré, l'harmonie établie par la nature étant brisée, la température ou les intempéries, qui peuvent arriver de mille façons diverses, ne répondent pas à ce qu'auraient exigé l'exposition et la nature du terrain. Mais, comme nous l'avons dit en commençant, ce qui ne se produit pas une année peut bien se produire l'année suivante, et dès-lors il n'y a qu'à persévérer pour obtenir des résultats.

Nous ne pouvons nous empêcher d'exprimer une idée qui, du reste, vient tout naturellement.

Est-ce que le germe de l'oïdium n'éprouve pas dans son développement plusieurs phases différentes, pendant lesquelles il est plus ou moins sensible aux variations de la température ? Et alors, quel sera le moment le plus propice pour opérer le remaniement de la terre ? Sera-ce au commencement de l'hiver, alors encore que toutes les intempéries pourront passer sur la terre remaniée, ou bien un peu vers la fin de la saison, au moment où un beau jour a peut-être déterminé un commencement d'éclosion ? On nous permettra bien de ne pas nous prononcer encore, mais on conviendra qu'il y a là des différences qui pourraient bien influer sur les résultats.

Quoi qu'il en soit, en définitive, nous maintenons, parce que nous en sommes convaincu, qu'une façon, donnée à la terre à une époque où les froids peuvent encore la purifier, doit faire disparaître l'oïdium, surtout si cette façon est renouvelée tous les ans et faite convenablement. Nous croyons avoir assez démontré par le raisonnement combien est fondée notre conviction à ce sujet. Pour lui donner le caractère de la certitude, nous n'avons qu'à en appeler à l'expérience et aux observations de chacun. Eh bien! pour notre compte, nous savons tels et tels propriétaires qui ont toujours fait travailler les vignes au cœur de l'hiver et qui ne les ont jamais vues atteintes par la maladie. Nous pourrions aussi citer tels autres viticulteurs qui, divisant le travail parce qu'ils ne peuvent naturellement le faire tout en même temps, n'ont jamais vu l'oïdium envahir les vignes dont les travaux s'exécutent tous les ans pendant l'hiver, tandis que les autres, qui sont travaillées au retour de la belle saison, sont mises tous les ans dans le plus déplorable état.

Ces propriétaires-là ne contesteront pas certainement l'efficacité du traitement que nous préconisons.

Partout, comme dans les cas particuliers dont nous parlons, le traitement sera efficace; mais il faudra de la persévérance. Il ne faut pas espérer franchir du premier coup et d'un seul bond l'espace qui nous sépare du temps où nos vignobles se montreront de nouveau en plein rapport et n'auront pas à souffrir du fléau qui les désole. Non, ce fléau est trop apte à se propager. On aura beau le chasser par des moyens curatifs de certains terrains limités, il reparaîtra toujours si des mesures générales ne sont prises contre lui. On sait qu'il fut d'abord renfermé dans une serre d'Angleterre et que, quelques années après seulement, il avait envahi l'Europe entière.

Les treillages où la maladie a sévi toujours avec une force désespérante neutraliseront encore longtemps les succès que l'on pourra obtenir en plein champ. La plupart de ces treillages, en effet, sont adossés à des murs ou disposés dans les jardins le long des allées, où la terre n'est jamais remaniée et par conséquent conserve soigneusement le dépôt que la nature lui confie tous les ans. Là, ce ne sera que graduellement qu'on pourra le faire disparaître en cherchant à le détruire sur l'écorce des ceps et dans les vieux bois où il se serait introduit pour s'y maintenir à l'abri.

Or, nous osons dire que, pour atteindre ce but, rien n'a été fait jusqu'ici, et c'est avec grand tort. Les meilleurs anti-oïdium qui sont employés ont pu atténuer le mal, le modérer, mais non le détruire. Qu'on nous permette de laisser de côté tous les remèdes employés à diverses époques et à diverses reprises pour ne nous occuper que du soufre qui a définitivement établi son autorité morale et a produit même beaucoup de bien. Personne ne contestera que malgré son efficacité, le soufrage, pour faire éviter un malheur, doit revenir tous les ans avec de nouveaux frais et tous ses désagréments. Il n'en peut être autrement, puisque le mal a été arrêté sur le raisin seulement où le soufre a fait comme une cuirasse impénétrable. Mais le cep, les sarments, les feuilles, le sol ? On y laisse l'oïdium s'y développer en paix et y déposer ses germes terribles et dévastateurs qui pulluleront l'année suivante et rendront vain tout ce qui aura été fait. En soufrant la vigne par le procédé direct que l'on emploie aujourd'hui, on ne fait que se préserver des atteintes de l'oïdium toujours pour l'année présente; mais la cause du mal existe et se perpétue toujours: contre elle, ou ne fait absolument rien.

Quand on commence de pratiquer le soufrage, la vigne a émis ses premières pousses; feuilles et raisins apparaissent partout; il n'est plus temps alors de s'armer contre l'oïdium. Il a trop de refuges où il peut braver impunément tous les agents destructeurs. Il n'est plus alors ici ou là : il est partout. Il s'abandonne au flot de végétation et se laisse emporter doucement jusqu'aux sommets les plus éloignés, comme vous le prouvent ces feuilles blanches, réchignées et froissées, qui naissent aux extrémités des sarments.

Non, le moment propice pour attaquer l'oïdium c'est lorsqu'il est encore concentré; c'est pendant la saison où il sommeille en paix et plein de sécurité; en un mot, pendant la saison d'hiver.

Si le froid, les vents, les intempéries peuvent nous être si utiles, faisons-nous donc un devoir de prêter notre concours à ces agents que la nature nous envoie, et alors nous aurons la satisfaction de voir l'oïdium, si terrible, abandonner nos climats. Alors aussi il nous sera donné de voir renaître les anciens jours d'abondance et de prospérité, et nous pourrons en jouir avec d'autant plus de bonheur que ces résultats seront le fruit de nos efforts persévérants.

J. LAUGÉ.

DU BAROMÈTRE.

Nous avons déjà dit quelques mots de la pression atmosphérique, et nous avons ajouté que cette pression, mesurée à l'aide d'un instrument nommé *baromètre*, avait fourni les remarques les plus utiles, savoir : que la pluie ou le mauvais temps ne survient généralement qu'avec une diminution de pression de l'air, une *baisse barométrique*, et que le beau temps est la conséquence d'une augmentation de pression, d'une *hausse* dans le baromètre.

Nos lecteurs nous sauront gré de compléter ici ce sujet de la plus grande importance, en entrant dans quelques développements touchant le baromètre, cet instrument si précieux, nou-seulement pour l'observateur des phénomènes météorologiques, mais même pour le cultivateur, pour l'homme des champs, à qui il rendrait incontestablement de grands services, et chez qui nous regrettons toujours de ne pas le trouver. Car si le baromètre peut prédire plus ou moins à l'avance les variations atmosphériques, nous ne voyons pas pourquoi cet instrument meublerait seulement les cabinets des physiciens ou des météorologues. Assurément, il y a plus qu'eux intéressés à connaître d'avance les changements de temps.

Pour être bref autant que possible, nous ne ferons point l'historique du baromètre, historique que tout le monde a pu lire dans les traités de physique les plus élémentaires. Nous ne parlerons point de Galilée, de Torricelli, ni de Pascal, quelque intéressante qu'ait été la découverte faite par ces grands hommes. Nous dirons même en peu de mots ce que c'est que le baromètre, pour nous étendre plus longuement sur ses usages et sur les moyens d'apprécier les indications qu'il nous fournit.

Le *baromètre*, réduit à sa plus grande simplicité, n'est autre chose qu'un tube de verre droit, d'environ 85 centimètres de longueur, fermé à l'un de ses extrémités et ouvert à l'autre, rempli de mercure et plongeant par son extrémité ouverte dans une cuvette aussi pleine de mercure. L'atmosphère pèse sur le mercure de la cuvette et force le liquide à s'élever plus ou moins dans le tube, selon que la pression augmente ou diminue.

On construit aussi des baromètres d'une seule pièce avec des tubes dont l'extrémité ouverte est recourbée de quelques centimètres seulement. L'ensemble a alors la forme d'un syphon, et la courte branche tient lieu de cuvette.

Les variations de la pression de l'air s'évaluent par le nombre de millimètres compris entre le niveau du mercure dans les deux branches pour le *baromètre à syphon*, et entre le niveau du mercure de la cuvette et celui du tube pour le premier baromètre dont nous avons parlé et qui est connu sous le nom de *baromètre à cuvette*.

Une échelle graduée le long du tube permet de lire d'un coup-d'œil la hauteur de la *colonne barométrique*.

Ces détails suffisent, croyons-nous, pour donner

une idée de la simplicité du baromètre à ceux
même qui n'ont jamais vu cet instrument.

Quant à ceux qui le possèdent, pour les mettre
en état d'en tirer les indications les plus précises, nous ne pouvons mieux faire qu'en re-
produisant ici les instructions sur l'usage du
baromètre, instructions complètes et précieuses
que nous empruntons au *Manual Barometar,*
de l'amiral Foy.

Instruction sur l'usage du baromètre.

Tout le monde sait que lorsque le baromètre
monte, c'est-à-dire quand le mercure s'élève
dans le tube qui le renferme, on doit s'attendre
à une amélioration du temps, à voir diminuer
le vent ou la pluie, et que lorsque le baromètre
descend, c'est-à-dire quand le mercure s'abaisse,
c'est l'indice du contraire. Mais les personnes
qui ont une grande habitude de cet instrument,
qui ont longtemps observé et comparé avec
soin ses indications, savent aussi que ses con-
clusions sont parfois en défaut, que ses mouvements du baromètre indiquent plus que cela,
et des observateurs peu expérimentés pourraient se décourager en ne voyant pas leurs
prévisions se réaliser.

Nous pensons qu'en se rapportant avec attention aux remarques qui vont suivre, résultats
de plusieurs années d'observations et de l'expérience de beaucoup de personnes, tout le monde
pourra facilement se servir des indications ba-
rométriques, pour prévoir le temps, surtout si
l'on combine ces indications avec celles du
thermomètre et celles que donne l'état du ciel.

Ce n'est pas seulement en observant la hauteur du baromètre que l'on peut se former une opinion sur le temps, mais surtout en observant les variations de cette hauteur, c'est-à-dire les mouvements du mercure.

C'est par ces mouvements de hausse ou de baisse pendant les jours ou les heures qui viennent de s'écouler que l'on peut prévoir les changements qui auront lieu dans la force ou la direction du vent aussi bien que dans la quantité d'humidité répandue dans l'air.

On dit que le baromètre monte quand le mercure s'élève dans le tube; alors sa surface est convexe ou arrondie; le baromètre baisse ou descend quand le mercure descend dans le tube : sa surface est alors concave ou creuse.

Sous nos latitudes, la hauteur du baromètre peut atteindre, dans les cas extrêmes, 784 millimètres au plus haut, 711 au plus bas. Ses oscillations moyennes ont lieu entre 737 et 774 millimètres.

Trois causes (au moins) paraissent affecter le baromètre : la direction du vent, sa force, et la quantité d'humidité contenue dans l'air. 1° La direction du vent : par les vents de N.-E. le baromètre est le plus haut; il est le plus bas par les vents de S.-O. Le vent, changeant de l'un de ces rhumbs à l'autre, peut faire varier le baromètre de 12 millimètres (la force du vent et l'humidité restant invariables); 2° les variations dans la force du vent, lorsqu'on passe du calme aux coups de vent les plus forts, peuvent faire changer la hauteur barométrique de 50 millimètres; 3° les changements dans la quantité d'humidité contenue dans l'air (la force et la direction du vent étant constantes) peuvent, dans les cas extrêmes, faire varier le baromètre de 12 millimètres.

La plus grande oscillation du baromètre aurait donc lieu si les trois causes agissaient à la fois et dans le même sens; elle serait d'environ 75 millimètres. Ce cas doit se présenter excessivement rarement. Si le baromètre, étant à sa hauteur moyenne (760 millimètres au niveau de la mer), s'y maintient ou monte, tandis que le thermomètre descend et que l'humidité diminue, on aura des vents de N.-O., N. ou N.-E.

Une baisse du baromètre, quand le thermomètre est bas, indique la neige.

Il y a exception à ces règles quand on est menacé de vents de N.-E. humides (c'est-à-dire avec pluie, neige ou grêle). Dans ce cas, la direction du vent à venir fait monter le baromètre.

Quand le baromètre est au-dessous de sa hauteur moyenne, un mouvement d'ascension indique que le vent mollira ou tournera au nord, ou que la pluie diminuera. Mais s'il a été très-bas (vers 740 millimètres), son premier mouvement de hausse indique ou précède de fortes brises, quelquefois des bourrasques du N.-O., N. ou N.-E. Puis, si le baromètre continue à monter et que le thermomètre baisse, le temps s'améliorera; mais si la chaleur continue, le vent pourra tourner dans le sens contraire du mouvement solaire et venir au S. ou au S.-O., surtout lorsque le baromètre monte rapidement.

Les coups de vent les plus dangereux, les plus fortes bourrasques du N. arrivent au moment où

le baromètre monte, après avoir été très-bas,
ou quelque temps après si le vent tourne graduellement.

Bien que les oscillations du baromètre indiquent sur le temps à venir, généralement quand
le mercure est au-dessus de 760 millimètres,
il indique du beau temps et de belles brises,
à l'exception de quelques coups de vent soufflant
entre l'E. et le N.

Si les mouvements du baromètre sont rapides,
les temps annoncés seront de peu de durée. Ce
sera le contraire si les mouvements sont lents.

Les vents du S.-O., S., S.-E. font surtout
baisser le baromètre. Ses plus grandes hauteurs
ont lieu, au contraire, par les vents N.-O., N.,
et N.-E.

Cependant le baromètre peut monter par un
vent du S., sec et accompagné de beau temps,
de même qu'il peut baisser par un violent coup
de vent du N. et accompagné de pluie (neige,
grêle, éclairs). Le vent sera du N. si le thermomètre est bas pour la saison; du S. si le thermomètre est haut. Quelquefois ce ne sont que
des éclairs, lorsque l'orage est au-dessous de
l'horizon.

Une baisse soudaine du baromètre par un vent
d'O. est quelquefois suivie d'un violent coup de
vent de la partie du N.

Lorsqu'un vent frais se lèvera de l'E. ou du
S.-E. et tournera au S., le baromètre continuera
à descendre, jusqu'à ce que le vent soit près
de changer d'une manière notable, moment où
il peut y avoir du calme; puis le vent reprendra
peut-être tout d'un coup et avec violence, et
son mouvement vers le N.-O. et le N. sera

indiqué par un mouvement ascendant du baromètre et la baisse du thermomètre.

Le vent tourne généralement comme le soleil
(ou de gauche à droite); quand le contraire a
lieu, c'est signe de mauvais temps.

Le baromètre commence à monter longtemps
avant la fin d'un coup de vent, quelquefois
même à son commencement. Du reste, s'il
baisse beaucoup avant les vents violents, il
baisse encore plus avant de grandes pluies. Les
orages sont indiqués, mais pas toujours, par
la baisse du baromètre. Avant et pendant la
période d'un beau temps, le baromètre est ordinairement haut et sans mouvement, l'air étant
sec.

On voit, mais rarement, des exemples de beau
temps et d'un baromètre bas. C'est toujours le
pronostic d'une série de jours de vent ou de
pluie, sinon de l'un et de l'autre.

Un beau temps calme et très-chaud peut être
suivi d'orages ou de bourrasques et de la pluie.
Cela arrive toutes les fois que la température
est beaucoup au-dessus de la saison.

Si quelques-unes des indications du baromètre
ne semblent pas justifiées par les événements, il
ne faut pas en accuser l'instrument, mais penser
que ses oscillations peuvent provenir de circonstances atmosphériques, dont l'observateur
ne ressent pas les effets, parce que ce sont de
forts coups de vent ou de fortes pluies qui règnent dans des parages voisins, mais au-dessous
de l'horizon, et par conséquent au-delà de la
vue de l'observateur.

Répétons que plus un changement de temps
est annoncé longtemps à l'avance, plus il du-

rera ; au contraire, le vent et la pluie dureront d'autant moins que leurs pronostics auront été plus courts.

Un mauvais temps du S.-O., de peu de durée, ne peut pas faire baisser beaucoup le baromètre, s'il doit être suivi d'une série de vent du N.; de même le baromètre peut baisser par le vent du N. et pronostiquer le beau temps, si l'on doit avoir une série de vent du S.

Toutes ces remarques ne doivent pas empêcher de porter l'attention sur ce que l'on appelle les pronostics du temps. Toute personne prudente devra au contraire combiner les indications des instruments avec les signes donnés par l'état du ciel.

Voici quelques-uns des signes les plus connus des marins et des cultivateurs :

Signes fournis par l'aspect du ciel.

Ciel rosé au coucher du soleil, beau temps.

Ciel rouge le matin, mauvais temps ou beaucoup de vent.

Ciel gris le matin, beau temps.

Si les premières lueurs du jour paraissent au-dessus d'une couche de nuages, vent. — Si elles paraissent à l'horizon, beau temps.

De légers nuages à contour indécis annoncent du beau temps et des brises modérées.

Des nuages épais, à contour bien défini, du vent.

Un ciel d'un bleu foncé, sombre, indique du vent.

Un ciel d'un bleu clair et brillant indique du beau temps.

Plus les nuages paraissent légers, moins on doit attendre du vent (peut-être plus de pluie). — Plus ils sont épais, roulés, tourmentés, déchiquetés, plus le vent sera fort.

Un ciel d'un jaune brillant au coucher du soleil annonce de la pluie. — Jaune pâle, de la pluie.

Suivant que les teintes rouges, jaunes ou grises prédominent, on peut prévoir le temps avec une très-grande approximation, surtout si l'on consulte en même temps le baromètre.

De petits nuages couleur d'encre annoncent de la pluie.

Des nuages légers, courant rapidement en sens inverse de masses épaisses, annoncent du vent et de la pluie. — S'ils sont seuls, du vent seulement.

Des nuages élevés passant devant le soleil, la lune, ou les étoiles dans une direction opposée à celle des couches de nuages inférieures ou du vent qu'on ressent à terre, indiquent un changement de vent.

Après un beau temps, les premiers signes dans le ciel d'un changement sont ordinairement des nuages blancs, élevés en bandes ou en touffes légères, pommelés, qui augmentent et forment bientôt des masses épaisses et sombres.

Généralement, plus ces nuages paraissent éloignés et élevés, plus le changement de temps sera lent; mais plus il sera considérable.

Des teintes douces, légères, délicates, avec des nuages à forme arrêtée, indiquent ou accompagnent le beau temps.

Des teintes extraordinaires, avec des nuages

**

aux contours durs et bien définis, indiquent la pluie et probablement un coup de vent.

Observez les nuages qui se forment sur les hauteurs ou s'y accrochent : s'ils s'y maintiennent, s'accroissent ou descendent, c'est signe de vent et de pluie.

S'ils montent et se dispersent, c'est signe de beau temps.

Quand les oiseaux de mer prennent leur vol, le matin, vers le large, on aura du beau temps et des brises modérées. — S'ils restent près de terre ou au-dessus de la terre, s'ils se dirigent vers l'intérieur, c'est signe de coups de vent et de tempête.

Beaucoup d'autres animaux sont sensibles aux variations atmosphériques; il ne faut pas négliger ces indications.

Ainsi, quand les oiseaux qui volent habituellement en bandes, les hirondelles, se tiennent près des habitations, volant de côté et d'autre, rasant la terre, c'est signe de vent ou de pluie. Quand les animaux recherchent les endroits abrités, quand les cheminées fument, ou qu'en calme la fumée ne monte pas verticalement, c'est signe de mauvais temps.

La rosée annonce le beau temps, et le brouillard également. On ne les observe jamais quand il vente ou que le ciel est couvert.

Cependant une rosée très-forte, plus abondante qu'à l'ordinaire, est signe de pluie.

Le vent dissipe quelquefois le brouillard, mais celui-ci ne se forme jamais ou bien rarement quand le vent souffle.

Quand le temps est remarquablement clair à l'horizon, que des objets ordinairement invisibles se distinguent ou s'élèvent par la réfraction, on aura de la pluie, peut-être du vent.

Un éclat extraordinaire des étoiles, le peu de netteté ou la multiplication apparente des cornes de la lune, les halos, des fragments d'arc-en-ciel sur des nuages détachés indiquent que le vent augmentera plus ou moins, peut-être qu'on aura de la pluie, avec ou sans vent.

Près de terre, dans les ports abrités, dans les vallées, dans les plaines basses, le vent diminue généralement pendant la nuit, et les nuages se dissipent. Souvent un observateur placé sur un sommet culminant voit une nappe de vapeurs étendue au-dessous de lui, que la fraîcheur de la nuit permet d'apercevoir et qui semble arrêter le vent.

Enfin, pour prévoir le temps, on devra toujours prendre en considération la sécheresse et l'humidité de l'air, en même temps que sa température (comparée à la température ordinaire de la saison) pour les combiner avec les autres indications.

J. Laugé.

DE LA MALADIE DES VERS A SOIE, EN 1867,

ET DE QUELQUES MOYENS DE LA PRÉVENIR

OU DE LA GUÉRIR.

C'est en 552, au rapport de Théophyle de Bysance, que quelques moines, revenant des

Indes-Orientales, où ils avaient été prêcher l'évangile, en rapportèrent des œufs de vers à soie, et enseignèrent la manière de les élever, de tirer la soie de leurs cocons, et d'en former des tissus. De là, la propagation dans l'Occident, depuis treize siècles, de cette nouvelle industrie séricicole, qui comprend d'abord la culture du mûrier, et le choix de ses espèces.

Ce choix trop négligé doit être l'objet essentiel de l'éducateur ; tant la relation est intime entre le vers à soie et la feuille de l'arbre précieux dont il se nourrit. La soie est, pour ainsi dire, en germe dans le tissu et dans la composition de la feuille du mûrier, à tel point que dans les bonnes espèces, lorsque la feuille a atteint un certain degré de maturité, chacune de ses fibres devient comme un fil d'une extrême ténuité. Nourris autrement qu'avec la feuille de mûrier, ou les vers meurent ou végétent, ou, à peine, un sur mille donne un microscopique cocon sans force. Ces précieux insectes sont des distillateurs naturels et des lamineurs par excellence du suc gommeux qu'ils tirent de la feuille, et qu'ils parfilent en brins argentés ou dorés. Le ver à soie est un petit ouvrier tisserand ou filateur, auquel le mûrier fournit la matière première. Il est vrai qu'il l'élabore et la perfectionne.

Le choix de l'espèce de mûrier et de la qualité de la feuille influe donc, essentiellement, sur l'existence et le développement du ver, sur la richesse et sur la force de la soie. Tant vaut la feuille, tant vaudront le ver et la soie. Saison favorable à la pousse du mûrier, saison propice à l'éducation et à la réussite des vers à soie.

Disette de feuilles, ou mauvaise feuille, insuccès des chambrées.

En 1867, le printemps, l'année même, jusqu'en août, ont été très pluvieux, très humides. Il y a eu des gelées tardives, des brouillards. La feuille du mûrier n'a pas été suffisamment nourrie; elle est restée aqueuse; elle se desséchait rapidement aux premières chaleurs. Le ver dépérissait, faute d'une alimentation consistante. Son corps contenait plus d'eau que de soie. De là, cette rapidité foudroyante de la contagion.

Nous insistons sur cette considération, parce que nous pensons que les maladies qui déciment nos magnaneries proviennent, en grande partie, de la mauvaise qualité de la nourriture. La feuille est ou mauvaise, ou malade. Brouie ou brouillardée, elle est déjà fatale aux vers. A l'instar de la feuille de vigne oïdiée, de celle de la pomme de terre, elle nous paraît parfois atteinte dans ses tissus d'une maladie cryptogamique, ou parasitaire, qui se communique aux vers. Cette année-ci particulièrement, ils ont pu à peine la digérer. Après les repas de la journée, tout leur corps était comme durci, et composé d'anneaux. A l'ouverture, on voyait que chacun de ces anneaux, ou bourrelets, n'était autre chose que le résidu des feuilles ingérées à chaque repas. Or, rien de plus rapide et de plus meurtrier que la décomposition d'une matière végétale, entassée dans un tube animal qu'elle empoisonne. C'est une peste véritable, un typhus contagieux qui enlève toute une chambrée. De là cette terrible maladie des *flat morts* plus destructive que toute autre, quand elle se généralise, et qui se communique rapidement, en effet, toutes les fois qu'elle a pour origine la mauvaise qualité de la feuille. L'odeur d'un ver ou de quelques vers *flat morts* suffit pour répandre la plus horrible puanteur dans un atelier. On se préserve des conséquences de cette décomposition végéto-animale, quand elle n'attaque, comme il arrive souvent, que quelques individus, et qu'elle n'a pas une cause générale, comme le défaut permanent d'une nourriture saine, ou l'ingestion de feuilles aqueuses, oïdiées, malades.

Cette année-ci, on jetait des chambrées pourries de flat morts. On a beau dire : *Omnia sana sanis;* oui, un sujet sain se relève d'un état accidentel, occasionné par une mauvaise nourriture, mais à condition qu'on lui en donne désormais une meilleure, surtout au moment de la montée, où le ver dévore et mérite son nom provençal : *Bébo, Magna,* de *Maniar,* manger; d'où *Magnanier, Magnanerie.* Un sujet, affaibli par une mauvaise feuille, arrive à ne plus la digérer et à mourir, par l'absorption d'un véritable poison végétal.

On devine déjà notre opinion sur la nature des maladies qui déciment les éducations des vers à soie. Cette opinion est plus consolante que celle prêchée par M. Pasteur. D'après ce savant, le ver à soie est atteint d'une maladie intérieure; il est dévoré par des corpuscules de Cornalia; le germe, l'œuf, en est atteint; le ver aussi; la chrysalide, le papillon en fourmillent. A cela point de remède. Mais, si vous voulez réussir, ajoute M. Pasteur, prenez des œufs sains. Heureuse et facile formule ! Où trouver des graines saines, à l'abri de ces microscopiques ennemis ? A l'étranger, comme en France, le mal sévit (cependant la graine d'importation directe du Japon a eu presque seule du succès). Où chercher aussi un criterium, tant soit peu rationnel ? Incertitude partout; les œufs provenant de l'éducation la mieux réussie, donneront des produits empestés. Et de telle éducation compromise peuvent sortir de bons résultats ! On nous dit de vérifier chaque animal, chaque œuf, au microscope. Je le veux bien, si c'était là une épreuve pratiquement possible en grand, si le résultat était même certain. M. Joly le nie, à bon droit. Il en est différemment, en effet. C'est une conséquence naturelle facile à prévoir. Dans le ver le plus sain, on trouve aussi de ces mêmes corpuscules terribles. Toute la question se réduit à ce que leur nombre n'augmente pas. Comment se multiplient-ils ? D'où viennent-ils ? De l'intérieur même de l'insecte ? Alors, le mal que sa nature engendre serait incurable. Pour nous, son origine est extérieure. Corpusculaire ou cryptogamique, l'épidémie provient ou de la feuille malade qui l'importe dans l'insecte, ou de certains animalcules microscopiques répandus dans l'air ou ancrés sur la feuille.

Un autre observateur, M. Bérard, professeur de chimie à l'école de Montpellier, affirme (et nous suivrons de préférence son opinion étayée par des expériences que nous avons contrôlées), il affirme que la maladie était extérieure, donc passagère.

Un autre savant distingué, le docteur Joly, qui n'adopte pas cette opinion et qui pourtant combat M. Pasteur, croit que treize siècles d'acclimatation en Europe ont pu faire abâtardir l'espèce des vers à soie ; qu'il faut donc la régénérer. Très bien ! Mais comment ? Où trouver de nouvelles graines ? Ne faut-il pas toujours recourir à la Chine ou au Japon, pays auxquels nous avons fait une litière d'or, par le commerce de la soie ?

D'ailleurs, M. Joly croit-il qu'au Japon comme en Chine, vingt siècles de domestication des vers à soie n'en auraient pas de même fait dégénérer l'espèce ? Non, le ver à soie n'est pas plus dégénéré chez nous que dans l'Inde. Non, sa maladie n'est pas incurable, mais extérieure et passagère. C'est une crise que subit et qu'a déjà subie, à diverses époques, cette précieuse conquête de l'industrie humaine. Je dis conquête, comme celle du blé. Où est le blé, à l'état natif ? Où sont les types du porc, du chien ? Le ver à soie, tel qu'il est développé ou perfectionné aujourd'hui, n'existe nulle part à l'état sauvage. Il y périrait ici, comme en Chine, où des vers champêtres, très-petits, sont rarissimes dans des forêts de mûrier. C'est une loi de nature. Car autrement, il ferait périr une espèce végétale, tant il foisonne. Vain a été et serait tout essai d'éducation libre, ou en plein air, des vers à soie livrés à eux-mêmes. Vraies chenilles, ils n'ont même plus l'instinct des chenilles. Celles-ci ne se multiplient assez, pour exercer de grands ravages, qu'à de longs intervalles. D'innombrables ennemis, les oiseaux, les fourmis, les mouches s'opposent à leur trop rapide propagation.

De Réaumur a remarqué que, « dans les » années ordinaires, les seules mouches fai-

» saient périr tant de chenilles, en y déposant
» leurs œufs, ou en les enfonçant dans leurs
» corps, à l'aide de leurs tarières, que, sur
» vingt-quatre, à peine en restait-il une qui
» échappât aux piqûres de la mouche et à la
» mort. »

C'est une expérience qu'on n'a pas assez
rappelée. Des insectes microscopiques déposent
de même leurs œufs dans le corps des vers à
soie; de là, diverses maladies occasionnées par
la présence de ces parasites étrangers. La pé-
brine ou gâtine, la mort-flate peuvent avoir
souvent cette origine. Laver les œufs, dans une
eau courante, dans de bon vin non liquoreux;
au besoin, arroser de même la feuille, après
l'avoir secouée, puis la faire sécher à l'air libre;
baigner encore les vers menacés par le fléau :
voilà des moyens qui peuvent réussir parfois.
Ainsi, à la dernière éducation de 1867, M.
Salamon, propriétaire et maire de Roquevidal
(Tarn), avait fait jeter, vers le soir, sur un tas
de fumier, une chambrée sur laquelle sévissaient
la gâtine et la mort-flate. Il plut abondamment
toute la nuit. Le lendemain, il remarqua que
ces vers avaient subi un heureux changement,
qu'ils étaient devenus d'un blanc azuré. Le bain
de la nuit leur avait rendu force, santé, vigueur.
M. Salamon fit ramasser ces vers qui lui don-
nèrent de beaux cocons. Un petit éducateur
de Vielmur (Tarn), le sieur Gleyzes, plaça ses
vers malades dans des paniers qu'il plongea
dans l'eau courante d'un moulin. Il les fit sécher,
sur un drap au soleil. Tous se rétablirent.
Chacun forma un cocon parfait. De pareilles
expériences ont été faites, avec un égal succès,

dans l'Ardèche. Elles confirment donc notre théorie.

Il est une autre maladie des vers à soie dont nos observateurs n'ont rien dit, qui pourtant fait son apparition chaque année, et devient même très meurtrière, lorsque la température se maintient froide et humide, comme elle l'a été en 1867. Elle se déclare surtout au second âge.

Dès les premiers symptômes, l'on aperçoit des vers *menus* qui, en abandonnant la feuille, cessent de se développer.

Cette maladie n'est autre qu'une sorte de phthisie ou de marasme, qui rend les vers atteints chétifs, maigres, effilés, sans force et sans vigueur.

Au lieu de croître, ces vers diminuent à vue d'œil, et le plus grand nombre se perd et se confond dans la litière.

Le parti le plus sage, c'est de tout jeter de bonne heure et de se pourvoir d'autres vers, pour ne pas perdre ou retarder l'éducation.

Des éducateurs pratiques et intelligents attribuent cette maladie, soit à un vice d'incubation artificielle des graines, qui donne une chaleur trop longtemps étouffée, et aux vers, un commencement d'asphyxie, soit encore à un froid prolongé que les jeunes vers éprouvent en faisant leur mue, soit enfin à un jeûne forcé qu'on leur fait subir, dès que la mue commence pour eux.

Il suffit de signaler ces trois causes purement accidentelles de cette maladie toujours désastreuse, pour la conjurer par des moyens opposés : un mode d'incubation des graines plus en rapport avec les lois de la nature; un surcroît de chaleur, et des repas légers, mais jamais interrompus, pendant la durée des mues.

Ainsi, en résumé, le choix de bonnes graines, et pour le moment, celles d'importation directe du Japon, en attendant la guérison des beaux vers à soie indigènes; le choix encore des meilleures espèces de mûrier, telles que le blanc, le rose; la bonne qualité des feuilles cueillies de préférence sur des mûriers vieux et non taillés; les soins que nous venons d'indiquer : voilà les meilleurs moyens d'obtenir une éducation lucrative; tels sont aussi les meilleurs remèdes préventifs des maladies qui font le désespoir des sériciculteurs, et la ruine de tant de contrées adonnées à cette industrie, leur principale ressource naguère.

N'oublions pas aussi de recommander un bon hivernage des graines, dans un endroit ni trop chaud, ni trop froid, ou trop humide, et surtout le choix d'une heureuse exposition de l'atelier ou de l'appartement bien aéré où l'on doit élever les vers à soie. Ces deux dernières conditions sont souvent tout le secret de la réussite de tant de gens inexpérimentés, étonnés d'un succès dont leur amour-propre fait honneur à leur habileté.

Les Chinois construisent en planches leur emplacement, pour l'éducation des vers à soie. Renouvelés chaque année, et toujours bien aérés, ces ateliers de quelques semaines ont l'immense avantage de n'être jamais viciés, comme le sont presque toutes nos magnaneries, où le séjour annuel des vers et l'insuffisance d'air, en laissant une odeur permanente d'émanations malsaines, sont souvent l'unique cause de nos insuccès séricicoles. Aussi, il serait prudent, surtout tant que l'épidémie sévit, d'abandonner nos magnaneries, et de disséminer dans la campagne nos éducations qui, ainsi partielles, seraient mieux soignées, et se trouveraient à l'abri de ces grands foyers d'infection.

Il est aussi une tentative, ou plutôt une habitude dont on doit se prémunir : c'est celle de recourir à une incubation exagérée, purement artificielle des œufs, au moyen d'étuves, d'appareils appropriés, ou de fours. Les Japonais, plus soucieux que nous de se conformer aux lois de la nature, ne soumettent jamais leurs graines à de tels modes d'incubation. La même chaleur printanière qui développe le bourgeon du mûrier, fait éclore leurs vers et leur donne cette robusticité que nos pratiques vicieuses leur font perdre sans profit.

Il est donc mieux de se confier à la chaleur naturelle de la température pour obtenir une éclosion spontanée. Le ver à soie a besoin, pour se développer d'une manière normale, d'une certaine quantité de chaleur donnée chaque jour, peu à peu, dans le courant de l'année. Il éclôt de lui-même, si la somme des degrés de chaleur de chaque jour égale cette mesure de chaleur nécessaire. On obtient, par la chaleur d'un four, cette même mesure, mais subitement en quelques jours, ou en quelques heures : c'est un développement forcé et funeste dans la plupart des cas. L'avantage que l'on recherche de cette façon par l'incubation artificielle, c'est d'obtenir une plus grande quantité de vers éclos à la fois, et dont le développement marchera par suite parallèlement. Tout au plus, afin d'arriver, sans danger, au même résultat, peut-on placer les boîtes à graines sur des linges enveloppant des bouteilles d'eau constamment tièdes, comme le fait, avec succès, Mme C...., de Lavaur, dont l'excessive obligeance, jointe à une grande activité, est mise, chaque année, à contribution par plus d'un éducateur.

Mais on peut obvier à l'inconvénient des éclosions trop longtemps prolongées, en faisant couver, par exemple, deux onces de graine pour en avoir une. On ne prend alors que l'once de vers nés à peu près en même temps, et l'on vend ou cède les retardataires. Les premiers vers éclos sont les plus robustes, les plus vivaces. Ils suivent la saison, la pousse et le développement de la feuille. Nés au moment où celle-ci est formée, ils seront assez forts quand la feuille sera mûre, soyeuse et consistante. Ils fileront leur cocon, avant les grandes chaleurs qui leur sont trop souvent funestes.

Suivant les climats, on doit poser les vers du 16 au 22 avril ou fin avril, ou commencement de mai. Le ver indigène ne monte pas pour coconner avant trente-cinq à quarante jours. Le ver du Japon a terminé sa carrière en trente jours. Si le ver est en retard, on active les trois premières phases de son existence, en augmentant progressivement la chaleur de la chambrée, de seize à vingt-cinq degrés, et en donnant aux élèves cinq ou six repas, au lieu de quatre. Les trois premières crises ne durent alors que six à sept jours chacune. On estime qu'il faut vingt quintaux de feuille pour obtenir un quintal de cocons; et qu'une once d'œufs peut donner cinquante kilogrammes de cocons, lorsque l'élève des vers à soie est répartie en petites éducations d'une once à deux, au maximum. A peine obtient-on, en grand, vingt-cinq à trente kilogrammes de cocons, et très-souvent treize à quinze kilogrammes seulement.

Le Gouvernement, en vue de régénérer l'espèce, va encourager par des primes de 200 fr., en 1868, les bonnes éducations partielles de dix grammes ou de tiers d'once légale, notre petite once n'étant que de vingt-cinq grammes. C'est là une excellente mesure due à l'initiative de notre habile ministre de l'agriculture et du commerce, M. de Forcade La Roquette, qui a développé, à la Chambre, les projets du Gouvernement, pour l'amélioration de cette industrie, avec une raison si éloquente et avec tant d'art, qu'on l'aurait cru initié, de longue main, à la difficile pratique de notre industrie spéciale.

Nous conseillons à nos magnaniers d'encourager ces petites éducations, afin de garder, pour graines, les cocons en provenant, et de multiplier la division du travail, dans de petits ateliers, d'une demi-once, d'une once ou de deux, pour une, deux ou trois femmes expérimentées dans cet art.

On obtiendra, ainsi, sans nul doute, les meilleurs résultats; car, nous ne saurions trop le répéter pour encourager ceux qui, après tant de mécomptes, désespèrent de l'avenir de notre industrie séricicole, le fléau épidémique qui décime, depuis quinze ans, nos magnaneries, n'aura qu'une durée passagère, à l'instar de tous les fléaux qui bouleversent le règne animal et affligent l'humanité. C'est une loi de la Providence dont la sagesse veille à la conservation des espèces. La vigne a été aussi, il y a dix-huit siècles, atteinte du même mal qui l'a attaquée, depuis quelques années. L'oïdium a été, en effet, admirablement décrit par Pline le naturaliste. On désespérait aussi des vignobles déjà renommés de la Gaule et de l'Italie. Pendant dix-huit siècles, cependant, la vigne a fait notre richesse.

En Chine, la race des vers à soie était presque anéantie, il y deux mille ans. On fut chercher quelques rares types sauvages qui végétaient dans les forêts de la Tartarie chinoise, l'ancien pays des Sères, croit-on.

En France même, de 1680 à 1692, les vers à soie mouraient, chaque année, par myriades. Au lieu d'apporter la richesse, ils étaient un sujet de travail pénible et de ruine. Dans leur désespoir, ne se fiant plus à l'avenir, nos sériciculteurs arrachaient les mûriers. Un intendant habile et prévoyant, M. de Basville, rendit, en 1692, une ordonnance par laquelle il défendait, sous les peines les plus sévères, la destruction des mûriers. Bienfait immense ! Quelques années après, le fléau avait cessé ; la feuille manquait presque aux vers à soie qui fourmillaient à l'envi. Sans M. de Basville, on n'eut pas eu de quoi les nourrir. Que ces exemples de l'expérience nous profitent.

Qu'on ait, d'ailleurs, comme nous, la conviction que la maladie n'est point constitutionnelle; qu'elle est extérieure, donc passagère; et l'on se mettra de tous côtés, à l'envi, à l'œuvre de plus belle. Le prix de la soie est largement rémunérateur. C'est une industrie vraiment française, qui donne du travail et du pain à tant de gens, que le Gouvernement et les hommes de bien doivent encourager de tous leurs efforts à la régénérer. Laissons les savants disserter sur la nature de la maladie, ou plutôt, prions-les de nous en indiquer les causes et surtout le remède. En attendant, travaillons avec courage à la multiplication des vers à soie. Confions-nous, pour l'avenir, à la sagesse de la Providence. Elle saura, un jour, récompenser la persévérance et l'intelligence de nos efforts. C'est elle qui dit à l'homme, pour stimuler son activité : *Aide-toi, le ciel t'aidera.*

L'industrie séricicole est d'ailleurs par elle-même si intéressante ! Des poëtes l'ont chantée, entr'autres le Père Vida, en beaux vers latins. Qui a mieux décrit la vie du précieux insecte que Roucher, dans les vers suivants de son poëme des mois ?

Lassés d'un vain loisir et libres de leurs maux,
Les vers veulent alors commencer leurs travaux.
Aidez de tous vos soins un espoir qui vous flatte.
Dans leurs corps transparents l'or de la soie éclate.
Vous les voyez monter : offrez-leur des rameaux ;
Qu'ils puissent y suspendre et filer leurs tombeaux.
Sous les anneaux mouvants qu'à vos yeux ils présentent,
Dans leur sein deux vaisseaux à longs replis serpentent.
La soie en se formant, brute et liquide encor,
Dans ces riches canaux roule ses ondes d'or.
La liqueur s'épaissit dans sa route dernière,
Se transforme en un fil et sort par la filière.
Quand la chenille enfin voit le temps arrivé,
Elle prodigue un suc jusqu'alors réservé.
En longs cercles d'abord, des fils qu'elle ménage,
Elle forme un duvet, appui de son ouvrage
Bientôt elle décrit des mouvements plus courts ;
Et ses fils plus serrés, unis par mille tours,

D'un tissu merveilleux composant la structure,
D'un œuf d'or ou d'argent présentent la figure.
Venez les admirer. Ce ver dans sa prison
Ne commence qu'à peine à former sa cloison.
Celui-ci que déjà cache un épais nuage,
Laisse encore des fils entrevoir l'assemblage.
D'autres, se renfermant dans les mêmes réseaux,
Unis pendant leur vie, unissent leurs tombeaux.

Lavaur, 1er septembre 1867.

GRELLET.

Post-scriptum.

Notre livre était déjà sous presse quand nous avons lu, dans le numéro du 24 septembre dernier du *Toulonnais*, un nouvel article du commandant Béléguic, dans lequel nos indications météorologiques sont de nouveau appréciées et définitivement jugées par ce savant météorologue, après plus de dix mois d'observations journalières. Nous regrettons que cet article n'ait pu être placé à côté de celui que nous avons reproduit dans l'avant-propos; mais nous croyons cependant devoir le reproduire ici, en raison de son importance qui n'échappera à aucun esprit sérieux.

Décidément, malgré les railleries des plaisants — c'est si aisé de railler, dit M. de Girardin —

malgré les facéties des loustics, plus ou moins scientifiques et spirituels; malgré les nombreuses déceptions, les échecs des savants de tous pays, dans leurs essais de prévisions du temps, même à courte échéance — et ceci est plus sérieux — cette prévision est un fait acquis si nous ne nous trompons grossièrement, mais à *longue*, non à *courte* échéance; quelle merveille !

On prédira le temps comme on prédit des éclipses, 10, 100 ans à l'avance, si on veut. Ce n'est plus qu'un simple calcul à faire, nous disons *simple*, car il ne saurait être trop compliqué, puisqu'un homme SEUL trouve le moyen — dès la première année — de mener la besogne à bien en construisant le *Vrai indicateur du temps.*

Vrai indicateur, c'est bien le nom qu'il mérite, et nous croyons devoir le signaler aux hommes de bonne volonté; nous le suivons depuis 9 ou 10 mois, et toujours il dit plus ou moins vrai, et vrai à quelques heures près, sinon à la minute.

C'est extraordinaire, c'est renversant, c'est incroyable, impossible, en apparence; mais si cela est, il faut bien se rendre à l'évidence, et croire que M. J. Laugé a trouvé les LOIS qui régissent les phénomènes météorologiques; car, il faut posséder des lois fixes, pour en arriver à pareilles approximations, à des prévisions aussi précises.

— M. J. Laugé? *quid* Laugé? Quels sont ses titres scientifiques ou autres ?

Nous l'ignorons complètement, ne l'ayant jamais vu, ne sachant s'il est brun, blond ou chatain, et quel peut être son âge; peu importe d'ailleurs; il ne s'agit point de cela, mais de vérifier, de constater si les *lois* sont trouvées qui régissent les phénomènes météorologiques, et, si ces lois sont trouvées, que la science nouvelle soit la bien venue! Ne sera-ce pas la plus utile, la plus importante des sciences?

L'homme ne fera pas, à son gré, la pluie et le beau temps; mais s'il connaît le temps à l'avance, quel avantage inappréciable pour l'exploitation de son globe! De grandes pluies, connues à l'avance, seront à peine nuisibles, comme une grande sécheresse; quand on saura qu'un grand mauvais temps doit éclater, on prendra double précaution en mer; un homme prévenu en vaut deux, sinon trois ou quatre.

L'Évangile dit bien qu'il n'y a rien de caché qui ne vienne à la lumière; rien d'ignoré qui ne doive être connu, mais quand? à quelle époque, dans la suite des siècles? là est la question, pouvions-nous espérer, dans l'état actuel de nos connaissances, que l'époque est arrivée de la prévision du temps à *longue* échéance, quand nos savants ne le peuvent prédire 24 heures à l'avance? Ce serait une merveille et pourtant, voyez : — quant à ce que nous avons pu observer, il en a toujours été ainsi au moins 9 fois sur 10. — On lit dans la *Vigie de Cherbourg*, 19 septembre :

« Un violent coup de vent d'E.-N.-E. sévit sur notre rade depuis plusieurs jours. Le cutter le *Lévrier* est entré hier dans le port de commerce, après avoir cassé une de ses ancres. Le bateau le *Courrier*, faisant le service des vivres de la Digue, a été jeté hier matin à la côte, près du Béton, l'équipage a pu se sauver. La tempête a jeté hier, mercredi, à la côte, sur le rivage des Mielles, la bisquine *Oristelle*, de Trégnier. »

Voici ce que dit le *Vrai indicateur du temps* pour cette période. Nous copions les prévisions pour quelques jours, pour montrer comment les phénomènes y sont précisés :

« Le 12 septembre, une ligne de mauvais temps passera sur la Manche et le midi de l'Angleterre, une seconde sévira sur le midi de l'Espagne et sur les côtes de l'Algérie.

» Le 13, le mauvais temps s'étendra au nord, jusque sur le centre de l'Angleterre, sur la mer du nord et même sur la Baltique. Au midi, il continuera à sévir sur le midi de l'Espagne, sur la Méditerranée et sur les côtes de l'Algérie.

» Le 14, le mauvais temps passera sur le nord de l'Angleterre et sur le nord de l'Espagne. Il se fera sentir en même temps sur les côtes françaises de la Méditerranée, jusques en Italie.

» Le 15, des pluies éparses tomberont sur tout le centre de la France.

» Le 16, une ligne de pluie passera sur le midi de l'Espagne et sur les côtes de l'Algérie. Une seconde passera sur le centre de l'Angleterre et sur la mer du Nord.

» Vers cette époque, *de grands vents* sont à craindre sur la Méditerranée et sur la Manche. »

On vient de voir que la Manche les a subis, ces grands vents, et la Méditerranée en a eu sa part. Voici, maintenant, pour les jours suivants :

« Le 17, nouvelles pluies au nord de l'Espagne.

» Le 18, dans la matinée, des pluies tomberont dans le midi de la France.

(Nous les avons mentionnées dans le numéro du 19.....)

« Le 21, quelques orages éclateront au nord de l'Allemagne. Le mauvais temps continuera au nord de la France et s'étendra jusque sur la Manche. Sur le soir, les pluies apparaîtront dans le Midi. Orages dans cette dernière région, ainsi que dans le nord de l'Italie et de l'Adriatique.

» Le 22, le mauvais temps ne discontinuera pas dans les mêmes régions. Nouveaux orages. »

Que ne sommes-nous M. Marie Davy pour savoir, pour constater si ces prévisions se sont accomplies partout. A Toulon il a tonné et plu.

« Le 23 (demain), mauvais temps encore dans les mêmes régions. Il s'étendra un peu plus vers le sud..... »

Dès le 23, demain, les orages et les pluies marchent vers le sud, pour reparaître au midi de la France, les 27, 28, 29, avec mauvais temps à craindre. Nous verrons.

Les prévisions d'ailleurs sont peu encourageantes pour *octobre*, mauvais au *Nord* et au *Midi* de la France, surtout; et, en mer, du 8 au 21.

Novembre sera moins mauvais, excepté la période du 10 au 20, pendant laquelle de grands vents agiteront la Méditerranée.

Nous verrons encore; et, si toutes les prévisions continuent à se vérifier, à se trouver aussi *vraies* qu'elles sont bien *précisées*, il deviendra **très** utile de les publier à l'avance, pour mettre chacun en garde contre les éventualités possibles de grands vents sur la Méditerranée.

A l'heure où nous terminons cet article, le temps est entièrement couvert, excepté à l'horizon O.-N.-O., où le vieux ciel se voit, et il *pleutille;* les parapluies des promeneurs sont ouverts.

Le Sud est chargé et sombre, le ciel fixe, comme disent les marins, et le temps à l'orage.

Toulon, 3 heures du soir, le 22 septembre 1867.

BÉLÉGUIC.

CATALOGUE DES FOIRES.

DÉPARTEMENT DU TARN.

Nota. Les foires qui tombent un jour de fête sont renvoyées au lendemain.

MARCHÉS.

Albi, les mardi et samedi de chaque semaine. (Marchés-foires, le premier samedi de chaque mois).

Brassac, le 2e et le 4e vendredi de chaque mois.

Carmaux, le vendredi. (Marché-foire le vendredi qui suit le 10 de chaque mois).

Castres, les mardi, jeudi et samedi. (Marchés-foires, le 1er samedi de chaque mois).

Cordes, le samedi.

Dourgne, le lundi.

Gaillac, le vendredi.

Graulhet, le jeudi.

Lacaune, le 1er et le 2e lundi de chaque mois.

Lavaur, le samedi.

Lisle, le lundi.

Saint-Paul, le mardi.

Puylaurens, le mercredi.

Rabastens, le samedi.

Réalmont, le mercredi.

Salvagnac, le mercredi.

St-Amans-Soult, le lundi.

Verdalle, le lundi.

Vielmur, le vendredi.

FOIRES VARIABLES.

Albi, 4e mercredi de carême.

Brens, le lundi après le 6 sept.

Briatexte, 1er mardi de juin, 1er mardi d'octobre.

Cammazes (les), dernier jeudi du mois de juillet.

Carmaux, mardi après Quasimodo, lundi après le 21 août

Castelnau-de-Montmir, lundi de Quasimodo.

Castres, 1er jeudi de Carême.

Cordes, 2e samedi de janvier, jeudi après Pâques, 1er samedi d'octobre.

Dourgne, 1er lundi de Carême 1er jeudi d'avril, juin et oct.

Escoussens, la veille des Rameaux.

Le Fraïssé, jeudi avant le jeudi gras.

Gaillac, vendredi après les Rois, mercredi qui suit la mi-carême.

Graulhet, jeudi av. la St-Jean.

Guitalens, le lundi qui précède le mercr. des Cendres.

Labruguière, lundi de Pâques.

Lacabarède (section de Salles), le 1er lundi apr. le 8 septem.

Lacaune, jeudi av. les Rameaux, le lend. de l'Ascens.

Lagardeviaur, lundi de Quasimodo.

Lasgraïsses, lundi après l'Epiphanie.

Lautrec, vendredi av. les Rameaux, vendr. av. la Noël.

Lavaur, samedi av. la Toussaint, samedi av. la St-Jean.

Lisle, 1er jeudi de Carême, jeudi après Quasimodo.

Massals, lundi de Pentecôte.

Moularés, mercredi après la Pentecôte.

Mouzieys, mardi de Pâques.

Noailles, lundi de la Passion.

Padiés, 1er jour de Carême, la veille des Rameaux.

Parisot, mercredi saint.

Penne, jeudi avant le Carême.

Puycelci, lundi après le 14 septembre.

Puylaurens, mardi avant les Rameaux.

Réalmont, mercredi avant les Rameaux, mercredi avant la St-Jean, mercredi après le 14 septembre, mercredi avant la Noël.

St-Amans-Soult, le 1er lundi du mois de janvier.

St-Amans-Valtoret, mardi de Pâques.

St-Jean (Paulin), mercredi après Pâques.

St-Lieux-Lafenasse, mercredi après Pâques.

St-Sulpice, lundi de Pentecôte.

St-Paul, les 2es mardis des mois de mai, août et nov.

Saïx, jeudi après Quasimodo, 3e samedi de septembre.

Salvagnac, mardi de Pâques, lundi après la St-Martin.

Técou, mardi après le 2 juin.

Vabre, le mardi saint.

Valence, vendredi de la mi-carême.

Vénés, lundi avant la Noël, mardi de Pâques.

Verdalle, le lundi saint.

Villefranche, le jeudi après Pâques.

Villeneuve, le vendredi de la Passion.

FOIRES MENSUELLES.

Alban, le 4 de chaque mois : celle du 4 février dure deux jours.

Bourgnounac, le 10 de chaque mois, excepté août : celle du 10 janv. dure deux jours.

Mazamet, 1er mardi de chaque mois.

FOIRE FRANCHE.

Castres, le 10 juin. (Dure 8 jours).

FOIRES.

COMMUNES.	Janvier.	Février.	Mars.	Avril.	Mai.	Juin.	Juillet.	Août.	Septembre.	Octobre.	Novembre.	Décembre.
Alban	4	4	4	4	4	4	4	4	4	4	4	4
Albi	17				13	16	22		5	18	23	21
Ambialet				6	6	7						28
Aiguefonde					1						2	
Anglés				15		30		25			20	
Arfons								13		30		
Arthés	6										2	
Boissezon					8	11	22	20			25	
Brassac	10	8	15	23		16		8	30			1
Brousse	13				14			20		17		
Burlats			4		28		20		7			
Briatexte				4				24				9
Bourgnounac (Miran.)	10	10	10	10	10	10	10	8	10	10	10	10
Carmaux	21	21									4	4
												18
Castres				28		10		28			3	6
Cabannes-et-Barre							3	25				
Cabannes (les)		12										
Castelnau-de-Brassac				30								13
Cadalen					8						30	
Cahuzac-sur-Vère	20							16			13	
Cordes					29			25			25	
Cuq-Toulza										28		
Curvalle				12								
Castelnau-de-Lévis					6							
Dénat	15		13		15			17	24			
Dourgne								5				1
Escoussens	13							30		18		
Ferrières				12							12	
Florentin						2				28		
Fauch					8							
Fraïssé (le) (Ambialet)				22	22	21		16				
Gaillac			19		1	20		11	29		7	12
Graulbet		22			3			6			22	
Giroussens								23				13
Labastide-Gabausse			19			11				11		
Lombers		3		24		11				11		

COMMUNES.	Janvier.	Février.	Mars.	Avril.	Mai.	Juin.	Juillet.	Août.	Septembre.	Octobre.	Novembre.	Décembre.
Lagardeviaur (Montir.)	25					11				21		
Labastide-Rouairoux				1		25			20			8
Labruguière					30				1		29	
Lacabarède							26			4		
Lacaune		1						16		4		22
Lacaze		10		25	20			20	9	15		
Lacrouzette		15			12			16			19	
Lamontélarié				27								
Lautrec	22	24			24	30		2	6	28	24	
Les Cammazes								12		24		
Labastide-de-Lévis		1		10				17				11
Labessière-Candeil		3			4	25						28
Labessonnié (Montre.)	8	14	12		6			1			23	
Lavaur					6				9			18
Lisle	22					11		28		20	30	
Lasgraïsses				25		14		30				13
La Condomine (Amb.)					17							
Larroque				18	18	18					18	
Le Verdier											30	
Marssac		26		9					3			
Montirat	17				2	13		20		21	2	
Monestiés	3	3	21	23	18	6	16	28	27	9	20	9
		27				30				29		
Moularés	13		12	28				16				23
Mouzieys		8			27		15				3	
Massals					18			11				
Masnau (Massuguiés)		20			15			20			9	
Mazamet		24			15			10		1	11	
Montdragon	7		22		16		26	31		4		
Murat					8	11	22	29	18			
Milhars	4			22						4		
Montans					25						2	
Montmiral	26	15	15		20	9	10	1	11	15	22	29
Montcouyoul						3						
Mezens										4		
Noailles	7				15					10		10
Orban	14			15	28							
Pont-de-Cirou (Mir.)	15		22		22	22	22		3	25		

COMMUNES.	JANVIER.	FÉVRIER.	MARS.	AVRIL.	MAI.	JUIN.	JUILLET.	AOUT.	SEPTEMBRE.	OCTOBRE.	NOVEMBRE.	DÉCEMBRE.
Padiés							24					6
Pampelonne	6	6	6	6	4	4	6	6	6		6	13
Pont-de-Larn					10				11	25		
Penne				6	6	6				30		
Puycelci	15				12				16			13
Puylaurens					25			26		21		13
Parisot											11	
Réalmont		12			1			11			11	
Rialet (Le)								24				
Roquecourbe			1		5					5		15
Rabastens		3		23		7	25				4	
Rouairoux				5								
Rosières												31
Sérénac					1					28		
Salles					24						13	
Saix											29	
Sénégats-et-Trivisi		25	30		30		2			22		20
Sorèze				25					4			
Soual	17			28		14	26		11		17	
Salvagnac	17				22			22		28		
St-Amans-Soult						1			6			
St-Amans-Valtoret										18		
Saint-Jean (Paulin)					14	25						
Saint-Paul	26											
Saint-Juéry		19			16			16			16	
Saint-Lieux-Lafenasse			21		16			17		25		
Saint-Sulpice			21						21			21
Saint-Urcisse					3							
Sainte-Gemme						16						16
Trébas		26		15		11				22		22
Terre-Clapier			15	10	9	6						
Teillet	24				24			24				
Valdériés	25			25					1		13	
Valence	22	16		14	12	25	15	22	16	15	5	15
Vaour				3	3	3				2		3
Villefranche	7		19	18		18	29		10	24	30	
									26			
Villeneuve		25				1			1			1

COMMUNES.	Janvier.	Février.	Mars.	Avril.	Mai.	Juin.	Juillet.	Août.	Septembre.	Octobre.	Novembre.	Décembre.
Vabre	15					20		16			28	
Vénés							24			6		
Verdalle	22					23					14	
Viane				10		6			6	29		17
Vielmur	20			25	24			16			2	
Yiviers				30				14			12	

DÉPARTEMENT DE LA HAUTE-GARONNE.

FOIRES VARIABLES.

Aspet, dernier mercredi de janvier, mardi après la Pentecôte. — *Aulon,* 3e mercredi de Carême. — *Aurignac,* mardi après les Rois, mardi après Pâques, mardi après la Pentecôte. — *Autérive,* 1er vendredi de mars, juillet, septembre, octobre, décembre, jeudi après Quasimodo, lundi de Pentecôte. — *Avignonet,* 1er lundi de Carême, jeudi avant Pentecôte. — *Basiège,* 1er samedi de janvier, juin, juillet, septembre et octobre. — *Bouloc,* 1er lundi de juillet. — *Boulogne,* 1er mercredi après les Rois, 1er mercredi d'avril, mai, juin, août et septembre. — *Bourg St-Bernard,* mardi après la Pentecôte. — *Buzet,* mercredi avant les Cendres, mercredi après Pâques. — *Cadours,* 4e mercredi de janvier, février, mars, avril, mai, juillet, octobre, novembre et décembre, et 1er mercredi de sept. — *Caraman,* 1er jeudi de chaque mois, jeudi après Pâques. — *Carbonne,* jeudi avant la Purification, jeudi de la 3e semaine du Carême, jeudi après le Rosaire. — *Cassagnabère,* 1er lundi de Carême. — *Castanet,* 1er mardi de chaque mois. — *Cazères,* 2e samedi de chaque mois. — *Cintegabelle,* mardi après la Sexagésime, mardi après Quasimodo. — *Fousseret,* dernier mercredi de chaque mois. — *Grenade,* 3e samedi de février, avril, juin, août et décembre. — *Lapeyrouse,* lendemain de Pâques et de l'Assomption. — *Lévignac,* mardi de la semaine sainte, 1er mardi de février, avril, mai, juin, août, novembre et Décembre. — *L'Isleen-*Dodon*, dernier samedi de chaque mois ; celles de mars, septembre, octobre, novembre, durent 2 jours. — *Miremont*, lundi après les Rois, 1er lundi de Carême. — *Montbrun*, lundi gras. — *Montgiscard*, le 2e jeudi de chaque mois. — *Montesquieu-Volvestre*, le 3e samedi de chaque mois. — *Montrejeau*, lundi après S. Mathias, la Trinité, S. Barthélemi, S. André, dure 2 jours. — *Muret*, le dernier samedi de chaque mois. — *Revel*, 2e samedi de juillet. — *Rieumes*, 1er jeudi de chaque mois. — *Saint-Béat*, mardi avant le 1er mai, mardi après S. Michel, mardi avant Noël, mardi avant les jours gras, durent 2 jours chaque. — *Saint-Félix*, 1er jeudi après la Pentecôte, 1er mardi après la Toussaint et 1er mars de chaque mois. — *Saint-Gaudens*, 2e jeudi de Carême, jeudi après l'Ascension, 1er jeudi de septembre, 1er jeudi après S. Nicolas. — *Saint-Lis*, dernier mardi de chaque mois. — *Saint-Martory*, 1er vendredi de janvier, d'avril et d'octobre. — *Saint-Plancard*, vendredi après S. André et S. Barnabé. — *St-Sulpice*, 1er mercredi de chaque mois. — *Salies*, lundi de la Sexagésime et des Rameaux, lundi après le 24 mai. 1er lundi d'août, dure 2 jours; 1er lundi d'octobre et de décembre. — *Toulouse*, lundi après Quasimodo, dure 8 jours; lundi après la Pentecôte, dure 3 jours; les 24 juin, 24 août et 30 novembre, durent 8 jours; les 1ers lundis de février et d'octobre, durent 3 jours; — *Venerque*, le jeudi-gras, la veille de S. Jean. — *Villaudric*, lundi de Pâques. — *Villefranche*, dernier vendredi de chaque mois. — *Villemur*, 2e lundi de janvier, 3e samedi de juillet et de novembre. — *Villenouvelle*, lundi de la Semaine sainte.

FOIRES.

COMMUNES.	Janvier.	Février.	Mars.	Avril.	Mai.	Juin.	Juillet.	Août.	Septembre.	Octobre.	Novembre.	Décembre.
Aurignac						30			22		25	
Auterive	25							11			11	
Auriac		10		30				11			11	
Azas					8			16			2	
Aspet								25			25	

COMMUNES.	Janvier.	Février.	Mars.	Avril.	Mai.	Juin.	Juillet.	Aout.	Septembre	Octobre.	Novembre.	Décembre.
Avignonet										18		
Aulon					25			6				18
Beaumont				15								27
Bessières		5			3			30			27	
Burgaud			18		8			6			18	12
Bagnères-de-Luchon					12				25	29	24	
Bourg Saint-Bernard	25							18		1		15
Buzet						22					25	
Bouloc												21
Bruguières								8				
Boulogne											10	
Bonrepos								1				
Cassagnabère	2				13		14		2		2	
Calmont			1		26			26				1
Carbonne				25				3				6
Caraman						30		14				6
Castanet										29		
Castelnau-d'Estretef							24		28			
Caujac		17			16			10			15	
Cintegabelle									7	29		9
Daux								25				
Fourquevaux		15	20		10	11			21	22		13
Fronton				30				16				9
Gardouch		4			12			20			4	
Gragnague	13									26		
Grenade										18		
Gaillac-Toulza			20		10			4				
Longages	20											1
Launac		2		2		8		4			8	
Labastide-Beaumont		11			18			22		30		
Lavalette			25					16	8			
Lanta		2		23				28		28		1
Lagardelle			14				1	16				31
Loubens						6			1			4
Le Faget								16			25	
Léguevin	20			20				20			20	
Montastruc		24				14		24	14			8
Montesquieu-du-Canal				1		25			6		9	
Mourvilles-Hautes				14				17		27		

COMMUNES.	Janvier.	Février.	Mars.	Avril.	Mai.	Juin.	Juillet.	Août.	Septembre.	Octobre.	Novembre.	Décembre.
Montbrun				23			1	17		16		1
Martres				25				28				13
Miremont			26		15				28			22
Montgaillard					23			6				
Montgeard					4	95			25		12	
Montjoire								16			29	
Noé	2			10					10		12	
Nailloux					4	25			25		12	
Portet					5						9	
Rieux	7										11	
Revel		3			3				22			
Saint-Marcet	17						22				7	
Saint-Martory								27				
Saint-Julia	23			27				3				
Saint-Jory		2		23				10		3		
Saint-Bertrand					4					17		
Saint-Béat											19	
Tarabel					16			27		30		
Toulouse					1	24		24				
						29						
Vallègue		14			14			12			14	
Villefranche	22				8			16	30			
Varennes (Les)					8					29		
Villemur		25										
Venerque				26				13		9	20	
Vacquiers					1						11	
Villenouvelle						2				25		
Verfeil		12		25		29				16		18

DÉPARTEMENT DE TARN-ET-GARONNE.

FOIRES VARIABLES.

Auvillars, le jour des Cendres, 1er mercredi de janvier et juillet, 2e mercredi de mai et septembre. — *Beaumont*, 1er samedi de chaque mois.—*Bourg-de-Visa*, veille de Quasimodo.—*Bruniquel*, 2e mercredi d'avril et mai.—*Campsas*, 1er lundi de septembre. — *Caussade*, lendemain des Cendres, 1er lundi d'octobre.—*Castelsagrat*, veille des Rameaux et de la Pentecôte. — *Caumont*, 3e mardi d'avril et d'août. — *Escatalens*, le lundi qui précède le jeudi-gras. — *Garganvillar*, 1er mercredi d'avril et 1er mercredi de novembre. — *Grisolles*, 1er mercredi de janvier, mars, avril, mai, juillet, août, octobre, novembre, décembre. — *Labastide-St-Pierre*, le mercredi-saint, le lundi après le 1er dimanche d'août et le 15 novembre. — *Laguépie*, jeudi-gras et veille de la Fête-Dieu. — *Lamagistère*, le lundi qui suit le 24 juin et le lundi qui suit le 8 décembre. — *Larrazet*, lendemain de Pâques. — *Lauzerte*, mercredi-saint. — *Lavilledieu*, le 7 mai, le lundi qui suit le 15 août et celui qui suit le 11 novembre. — *Lavit*, 1er vendredi de chaque mois. — *Malause*, dernier lundi de juillet. — *Mansonville*, le 1er lundi de janvier, avril, août et octobre. — *Mirabel*, 1er mardi après Pâques. — *Moissac*, lundi avant Pâques, 2e samedi de janvier, février, mars, mai, octobre et décembre.—*Molières*, vendredi-saint, 1er vendredi de décembre.—*Montclar*, jeudi après Pâques.—*Montaigut*, 1er jeudi de Carême, lundi-saint. — *Montech*, 2e mardi de février, mars et novembre. — *Montpezat*, 1er jeudi de janvier, jeudi avant le dimanche-gras, jeudi avant les Rameaux, jeudi après Quasimodo et Pentecôte, 1er jeudi après S. Jean, 1er jeudi d'août et septembre.—*Négrepelisse*, 1er mardi de mars, avril, mai, juillet, septembre et octobre, mardi après Pentecôte.—*Puy-la-Garde*, mi-Carême. — *Roquecor*, lundi après Pâques, mercredi après la Pentecôte et 28 août. — *Réalville*, dernier jeudi de janvier, juin, septembre, octobre et novembre. — *Saint-Nicolas-de-la-Grave*, 1er lundi de janvier, lundi-gras, 1er lundi après le 9 mai, 1er lundi de juillet, octobre et novembre. — *Serignac*, lendemain de la Pentecôte. — *Sept-Fonds*, 1er mercredi de septembre, 2e mercredi de janvier, mars, avril, mai, juin, novembre et décembre. — *Valence*, 1er mercredi de juillet, 2e mardi de décembre. — *Varen*, mercredi après Pâques. — *Vazerac*, 1er mardi de septembre. — *Verfeil*, veille des Rameaux. — *Verdun*, 2e vendredi d'avril, 1er vendredi d'octobre.

FOIRES.

COMMUNES.	Janvier.	Février.	Mars.	Avril.	Mai.	Juin.	Juillet.	Août.	Septembre.	Octobre.	Novembre.	Décembre.
Aucanville	5	5			12				6			18
Auvillars											25	
Auterive	26			21		9		10			11	
Belmontet										31		
Bouillac		12			20			16			11	
Bourg-de-Visa	2	1	20		15	23	18	6	9	17	18	10
Brassac		24			24			22			24	
Bruniquel		14				25		11			11	26
Bourret				25				10			19	
Campsas		4										
Caussade	7	2		5	2	18	21	16	14		2 25	
Castelsagrat	18	6	10	28				4	15	15	5 22	9
Caumont	7											
Caylus	25	25	25	15	17	4	22	17	22	17	11	17
C.-Mondenard	28					1		27		20		
Castelsarrasin				28				29			4	
Cazals				12	12	12		11			18	
Dieupentale					31				21			
Douzac	1		5					24			5	
Dunes	5 20	3 23	12 26	10 24	10 25	13 30	21 30	14 27	7 28	7 17	10 24	7 24
Escatalens		19				19				19		26
Finhan	25			20					12			
Grisolles		22							22			
Larrazet	4	26				29			8		15	
Lauzerte	27	22			6	6	17	26	21	6	3	2 22
Lacourt		6				17						15
Laguépie	14	14	14	14	14	14	14	14 6	14	14	14 3	14 22
Lafrançaise	18			24		30			29		6	
Lamagistère				10					10			
Montauban			19		20		26			13	20	
Montaigut	5				9	20	24	16	29	25	16	1
Moissac	24					25			1		12	

COMMUNES.	JANVIER.	FÉVRIER.	MARS.	AVRIL.	MAI.	JUIN.	JUILLET.	AOUT.	SEPTEMBRE.	OCTOBRE.	NOVEMBRE.	DÉCEMBRE.
Montricoux	15	3	21	30	25	19	22	20	10	4	22	22
Mas-Grenier	17				3	24		20			29	
Monclar	26					16		16			2	
Miramont	22	12	26	27	18	15	20	11	12	9	9	6
Molières	25				6	1	22			6 25		
Montjoy		3		25		11		26		4		28
Mirabel		22				11		26		29		
Montech					2			1		14		21
Montpezat						2				21		9
Montesquieu							22			25		
Malauze			24		29					10		
Négrepelisse	18							2				1
Parisot	9	9	9	9	2	6	9	11	9	9	25	9
Puy-la-Roque	16	23	17	8	9	10	24	26	25	29	24	3
Puy-la-Garde						8			1		25	
Reynies			20			2						10
Roquecor		25					1	2	22		12	29
Sept-fonds	29			11	11					20		
Serginac	25									4		
Sistel								10				
Sauveterre					9							
Saint-Porquier	7				25				9			
Saint-Bauzeli	14				2	10		11			21	
Saint-Antonin	20	20	20	20	20	30	29	29	29		5	20
Saint-Amand-de-M	9			12							29	
Saint-Paul-Despis	26		25			20			9		16	
Saint-Projet		5		18		14		17			14	
Saint-Sardos		23				11					2	
Saint-Nazaire			4			1		28				4
Saint-Michel			31						27			
Saint-Aignan			30								24	
Verfeil	7	12			4	20	20	20	20	18		9
Varen	17		12		24						4	1
Vazerac	15				2							
Valence		22			6			16		29		
Verdun				1		14		28			25	
Villebrunier					1			1				1

DÉPARTEMENT DE L'AVEYRON.

FOIRES VARIABLES.

Aguessac, le 23e jour du Carême, le 4e jour après Pâques. — *Asprières*, jeudi-gras, jeudi avant la Pentecôte. — *Arvieu*, le lundi de Sexagésime, vendredi avant les Rameaux. — *André (St)*, veille de la Passion. — *Bor-et-Bar*, mercredi avant les Rameaux. — *Bozouls*, 1er lundi de Carême. — *Brusque*, le surlendemain de la Pentecôte, lundi après le 25 juillet. — *Buzeins*, le lundi après le 1er dimanche du mois d'août. — *Campagnac*, le lundi de Pâques, le 1er lundi de juillet. — *Campuac*, le lendemain de Quasimodo, le lendemain de la Trinité. — *Cassuéjouls*, le lendemain de la fête de Pâques. — *Chély (St)*, le 2e mardi du Carême, le 1er jeudi après la Pentecôte. — *Côme (St)*, lundi de Quasimodo. — *Croix (Ste)*, veille de la Fête-Dieu. — *Decazeville*, le lundi après le dernier dimanche des mois de janvier, mars, mai, juillet, septembre et novembre. — *Entraygues*, mercredi des Cendres. — *Espalion*, mardi et mercredi avant le dimanche des Rameaux, le mercredi avant la Pentecôte. — *Estaing*, le 2e jour de Carême. — *Firmi*, mercredi de Pâques, jeudi après la Pentecôte. — *Foissac*, mercredi des Cendres. — *Gabriac*, le jeudi qui précède le mercredi des Cendres, 3e lundi après Pâques. — *Geniez (St)*, le mercredi après Pâques. — *Jean-du-Bruel (St)*, le lundi précédant le mercredi des Cendres. — *Labastide-l'Evêque*, samedi des Rameaux. — *Laguiole*, le mardi-gras, le samedi avant le dimanche de la Passion. — *La Salvetat*, mercredi-gras, mercredi de Pâques. — *La Selve*, lundi de Quasimodo. — *Le Navech*, lundi de la Pentecôte. — *Sivinhac-le-Haut*, mercredi-saint. — *Marcillac*, vendredi-gras. — *Millau*, premier jour de Carême. — *Monsalès*, mardi de Quasimodo. — *Montezic*, 2e lundi du Carême. — *Mostuéjouls*, le lundi qui suit le 29 juin. — *Mur de Barrez*, le second jeudi de Carême, le jeudi après la Pentecôte, le lundi avant la Toussaint, le lundi avant la Noël. — *Najac*, lundi de la Passion, lundi-saint, lundi de Quasimodo, lundi de la Pentecôte. — *Nant*, le lundi des Rameaux. — *Naucelle*, jeudi gras, lundi après la Trinité. — *Peyrusse*, 1er lundi du Carême, jeudi après Pâques. — *Pont-de-Cirou*, jeudi avant le dimanche des Rameaux.

— *Pradinas*, le lendemain de l'Ascension. — *Rieupeyroux*, le lundi-gras. — *Rivière*, mardi après le dimanche de la Passion. — *Rome du Tarn (St)*, le lundi de Quasimodo. — *Rodez*, le 1er lundi après le jour de la mi-Carême. — *Saint-Amans de Varès*, lundi après le 2e dimanche de juillet. — *Salles-Curan*, mercredi après Quasimodo. — *Sauveterre*, mardi avant la mi-Carême, vendredi avant la Pentecôte. — *Ségur*, le lendemain de l'Ascension. — *Saint-Salvadou*, mardi avant la Fête-Dieu. — *Villefranche*, mi-Carême. — *Villeneuve*, jeudi après la Pentecôte. — *Viviers*, 3e lundi de Carême.

FOIRES.

COMMUNES.	Janvier.	Février.	Mars.	Avril.	Mai.	Juin.	Juillet.	Aout.	Septembre.	Octobre.	Novembre.	Décembre.
Affrique (St)		6	24		4	16			14		3	9
Amans (St)			1			24						
Aubrac						27				3		
Aguessac										5		
Alpuech						11				6		
André (St)	6			29		4					18	
Arvieu						14			30		25	
Asprières	25						22			10	19	
Auzits				30	9						22	
Aubin	17	4			5					15	5	
Agrès											25	
Bauzely (St)	21				15					25		
Beaulize (St)					26							
Belmont		3			6			11		13		
Bezonnes									15			
Bouillac						17					7	
Bor-et-Bar	8			27	25							1
Bournazel	14				7			17	22			
Bozouls					8				30			
Broquiés					6 13					18		13
Brusque	12									4	14	
Calmont	25				20					4		
Camarès	5			24				6			18	15

COMMUNES.	Janvier.	Février.	Mars.	Avril.	Mai.	Juin.	Juillet.	Aout.	Septembre.	Octobre.	Novembre.	Décembre.
Campagnac	..	..	..	..	..	..	..	..	..	6	15	..
Campuac	..	..	..	..	..	..	..	..	..	..	2	..
Cantoin	..	..	..	..	..	..	..	11	23	..	23	..
Cassagnes-Bégonhés	..	..	..	..	11	11	11	6	..	..	5	29
Castelnau (Espalion)	..	..	..	26	..	..	..	..	..	..	29	..
Castelnau (Millau)	..	..	..	..	..	..	..	..	..	..	2	..
Chèly (St)	..	..	..	..	..	..	..	..	22	..	14	..
Combret	..	..	1	..	..	1	..	..	1	..	..	1
	..	..	..	..	..	..	..	..	..	..	..	28
Cocural	15	..	..	29	..	..	25	..	..	..	..	6
Côme (St)	18	..	..	..	15	..	..	..	..	..	..	22
Compeyre	23	..	..	..	..	..	..	16	..	..	..	..
Cornus	..	..	..	..	14	..	..	..	19	12	24	..
Colombiès	4	..	..	..	17	..	..	..	..	..	..	..
Conques	2	..	..	..	..	..	..	20	..	7	..	..
Coupiac	..	..	6	6	..	6	..	..	..	6	..	6
Clairvaux	..	4	..	..	..	..	..	..	..	..	2	..
Cruéjouls	..	..	..	..	..	..	..	..	..	10	..	..
Curlande	..	..	..	..	..	25	..	..	..	..	..	..
Claunhac	12	..	..	..	12	13	..	12	..	..	..	4
Croix (Ste)	4	..	..	..	4	..	..	..	14	..	..	..
Durenque	..	3	..	30	..	8	..	..	11	..	..	7
Entraygues	13	..	..	25	15	15	..	1	15	18	15	..
Espalion	22	..	..	..	..	..	..	31	..	..	11	..
Esplas	..	..	..	..	..	..	..	..	..	..	2	..
Estaing	..	..	..	..	2	25	..	..	20	..	..	9
Eulalie (Ste) (Espalion)	..	..	..	..	10	20	..	..	19	..	..	6
Eulalie (Ste) (St-Affr.)	..	..	..	..	3	..	..	..	4	..	..	..
Farret	10	..	..	13	..	..	..	..	..	..	..	..
Faveirolles	17	..	..	27	..	..	..	..	..	..	..	..
Fayet	..	..	..	..	2	..	..	..	..	..	9	..
Félix (St)	..	..	..	..	17	..	..	..	..	9	..	1
Firmi	..	..	..	..	..	..	..	..	..	..	..	6
	..	..	..	..	..	..	..	..	..	..	..	27
Flanhac	20	..	..	..	..	20	..	22	..	..	25	..
Foissac	4	..	..	..	20	25	..	..	..	4	17	..
Fouillade (la)	..	..	..	..	..	23	..	..	..	..	..	..
Flavin	27	..	..	..	..	..	..	..	..	..	..	..
Gabriac	..	..	..	..	..	..	..	..	..	..	18	..

COMMUNES.	JANVIER.	FÉVRIER.	MARS.	AVRIL.	MAI.	JUIN.	JUILLET.	AOÛT.	SEPTEMBRE.	OCTOBRE.	NOVEMBRE.	DÉCEMBRE.
Galgan						27						
Gelles						4						
Geneviève (Ste)	10			22					14		19	
				23								
Geniez (St)	20				18	11		26			5	
George de Luzenç. (St)					1						22	
Goutrens						25		25	12			
Gozou					11							
Grandvabre						27	23		28			
Izaire (St)				28								
Jean-du-Bruel (St)	7					27			6	6	4	6
Juéry (St)											12	
Julien d'Empare (St)		1							2			
Lacalm		1			3			29				3
Laclau					3							
Lacroix		24				24	11					
Laguiole								8	23	25	25	29
Laissac				23		8		25				18
L'Hospitalet									4	10		
Léons (St)						2			12	6		
Le Viala du Tarn					20							
La Bastide-l'Evêque					15				14			15
Lacapelle del Veru					16							
Lapanouse-de-Sévérac		3						29				
Lamothe					14							18
Laroque (Fayet)										20		
Lavernhe						6						
La Salvetat	9				12		17				22	
La Selve	17					1				6		
Laurent d'Olt (St)							16				23	
Lédergues		22		12	19		2	29	18			10
Le Lac	15				6							
Le Navech	15								1			
Lestrade	2								1			
Lunac	13	13	13	13	13	6	13	13	13	13	13	13
						13	25		30			28
Livinhac-le-Haut						1			12		16	
Lunel					20		11					
Loupiac		9		18		2						26

COMMUNES.	Janvier.	Février.	Mars.	Avril.	Mai.	Juin.	Juillet.	Août.	Septembre.	Octobre.	Novembre.	Décembre.
Malleville					6				6			13
Marcillac					2				17	18	25	9 29
Martrin				18				18			18	
Martiel					16	7				26		16
Montbazens	4				27					16		
Millau					6			6		28	15	
Maudailles						17						
Montclar	15				1						25	
Montfranc				1	2	9			22			
Montlaur					8							
Montpeyroux	20			13 20 24	13	13			5	5	5 13	
Montezic				17	17	17					5	
Monsalès	10					19		18			9	9
Monteils		22				30					2	
Morthon					1							
Moyrazès	20				2				14			
Murasson	7				25		7			1		
Montpaon				23					29			
Najac	4	4	4				4	4	4	4	4	4 6
Nant				25		11					2	
Naucelle				30		26		2	30		12	28
Naussac						8			18			
Nayrac				7								
Noaillac						1						4
Peyreleau					14				25		6	
Peyrusse					2						11	19
Plaisance	25			26				1		26		
Pont de Cirou	15				22		22		3	25		
Pont de Salars					15			16		25		15
Pousthomy			7									20
Prades					4					20		
Pradinas	20			18		18						20
Prévinquières	2			21		2				25		
Pruines					11	11						15
Rebourguil					20					20		

COMMUNES.	Janvier.	Février.	Mars.	Avril.	Mai.	Juin.	Juillet.	Août.	Septembre.	Octobre.	Novembre.	Décembre.
Recoules-Prévinquièr.									14			
Rodez				1			1		9			2
Rome de Sernon (St)				29								
Rome de Tarn (St)	17				13			11	27		25	
Réquista	8	8	8	8	8	16	8	8	8	8	8	8
Rignac	7	13		23		12	27			6		
Rieupeyroux				25	20	20	4	28			5	30
Roquecezière-Laval	11				13	18			28	12	21	
Roquefort										4 18	2	
Saint-Saturnin					27							
Salles-Curan	13				25		22		2	14		
Salles la Source					18							
Salmiech	11	14			22	22		17			15	
Sauclières					16				1	5	26	
Sauveterre							25				27	26
Ségur	17				2					4		
Salvagnac-Cajare					8 18 25						17 27 28	
Saint-Cyprien	12				4	9			14 30			12
Saint-Jean Delnous	5			29								
Saint-Salvadou										20		
Saint-Santin		2		10		2				25		
Saint-Sever	16			30		25					4	
Saint-Sernin	11	11	11	11	11	11	11	13	11	11	11	11
Senergues												20
Sévérac le Château			6	25			27			18	25	
Taurines					15				15			
Thérondels				20		20				20	20	
Truel (le)					16							
Vabre	7			20	16				26		16	
Valady	25										5	
Vailhourles	12		12		12		12		12		12	
Vaureilles				27		22		4				10
Victor (St)					18							4
Verrières						25						

COMMUNES.	Janvier.	Février.	Mars.	Avril.	Mai.	Juin.	Juillet.	Aout.	Septembre.	Octobre.	Novembre.	Décembre.
Veyreau						7						
Ville-Comtal					6	20		25				22
Villefranche	22	10		18	22	16	17	24	21	29	25	22
Villefranche de Panat	20			25		25		25			11	22
Villeneuve		3	19	30			6	1	11	18		27
Vimenet									1			
Vialarels								10	9			

DÉPARTEMENT DE L'HÉRAULT.

FOIRES VARIABLES.

Bédarieux, le 1er lundi d'août. — *Hérépian*, le mardi de Pâques. — *Le Poujol*, le lundi de la semaine sainte. — *Lodève*, le lundi le plus près du 13 février, le lundi après S. Fulcran, le lundi de la 3e semaine de novembre. — *Lunel*, lundi de la Pentecôte. — *Montagnac*, lundi après le dimanche de la Passion. — *Montpellier*, lundi de Quasimodo, dure 8 jours. — *Pézénas*, le 1er lundi après le 24 mai, lundi après l'Exp. de la Croix, lundi après St-Martin. — *St-Chinian*, lundi après Quasimodo, mardi après le 10 janvier. — *Servian*, 1er lundi de septembre.

FOIRES.

COMMUNES.	Janvier.	Février.	Mars.	Avril.	Mai.	Juin.	Juillet.	Aout.	Septembre.	Octobre.	Novembre.	Décembre.
Agde								3				
Aniane												28
Bédarieux		7			2			5	22		2	22
Béziers		28		1				19				
Caylar				26		30				16	12	
Ceilhes	2	3		21		4			1		25	
Capestang								4				
Cessenon		3						16				
Cette		2						10				
Cournontéral					1				14			
Félines-d'Hautpoul				4				9				

COMMUNES.	JANVIER.	FÉVRIER.	MARS.	AVRIL.	MAI.	JUIN.	JUILLET.	AOUT.	SEPTEMBRE.	OCTOBRE.	NOVEMBRE.	DÉCEMBRE.
Ferrals-les-Mont.						29					5	
Florensac								24				
Gabian				15					12			
Ganges	14							10		23	11	
Gignac									18		30	
Hérépian	17											22
Joncels								29		29		
La Salvetat		28			3		13		23			9
Lavaquerie										27		
Le Pouget									29			
Le Poujol								11			19	
Lodève								25				
Lunel								24			25	
Lunas					25				14			29
Mèze								18				
Montagnac								29				
Montpellier											2	
Montpeyroux				25				24				21
Murviel											16	
Olargues	1				11			9	12			
Olonzac					3				14			
Quarante								29				
Riols							29					6
Saint-Chinian											2	
Saint-Gervais		24				9		29			30	28
Saint-Pons				30				11				13
Saint-Thibéry											5	
Servian										28		
Siran			26									
St-Martin-de-Lond					1	25			28			
Soubès						15				15		
Saint-Mathieu-de-Tré								22		5		

DÉPARTEMENT DE L'AUDE.

FOIRES VARIABLES.

Belpech, le vendredi après la Fête-Dieu. — *Carcassonne*,

le mardi après la Pentecôte, duré 3 jours. — *Castelnaudary*, le 1er lundi de mars : les lundis de Quasimodo, des Rogations, le lundi avant St. J.-Baptiste. — *Chalabre*, le mercredi qui précède les Cendres, le samedi veille de Pâques ; le samedi avant l'Ascension. — *Cabrespine*, le 1er lundi du mois d'août. — *Labastide-d'Anjou*, le 2e jeudi après les Cendres, le jeudi avant la S. Jean, le 2e jeudi d'octobre. — *Mas-Cabardés*, le 1er lundi du Carême, le samedi avant la fête de l'Ascension. — *Montolieu*, le lundi de Pâques. — *Montréal*, le mardi après le dimanche de Pâques. — *Peyriac*, le lundi après le 1er dimanche de la Pentecôte. — *Plaigne*, la foire du 7 octobre est fixée la veille, si ce jour se rencontre un dimanche. — *Sainte-Colombe-sur-l'Hers*, le lundi de la Pentecôte. — *Salles-sur-l'Hers*, le mardi après Pâques, le 1er mardi de juin. — *Villardonnel*, le 1er lundi après N.-D. de septembre. — *Villeneuve-Minervois*, le 1er lundi après le 17 août.

FOIRES.

COMMUNES.	JANVIER.	FÉVRIER.	MARS.	AVRIL.	MAI.	JUIN.	JUILLET.	AOUT.	SEPTEMBRE.	OCTOBRE.	NOVEMBRE.	DÉCEMBRE.
Alaigne								14				
Alet								24	23			
Alzonne	2					20			18			
Arques							26					
Aunat										17		
Axat										5		
Azille				25				19			22	
Belcaire					6				28			
Belpech	2		2		2			11	24		9	
Bize		10			6			20	30			
Bouisse									1			
Bram	20			3		3			3			
Bugarach					1				20			
Caillau									16			
Carlipa										16		
Carcassonne			6						25		25 26 27	

COMMUNES.	Janvier	Février	Mars	Avril	Mai	Juin	Juillet	Août	Septembre	Octobre	Novembre	Décembre
Cascastel										8		
Castelnaudary	7						22		10		2	
Caunes					4				9			
Cenne									13			
Chalabre						30		1	15	18		22
Conques	14			17				11				
Couiza						25		29		30		
Cuxac-Cabardès					8	30						17
Espéraza	23				7				30			
Espezel				25						22		
Fabrezan	23											
Fanjeaux		4			4				14			13
Fendeille		6		25					6			
Fontiers-Cabardés							15					
Labecède								10				
Ladern						12			15			
Lagrasse								16		25		
Laprade								9				
Laurac								7			19	
Lauraguel										1		
Les Cassés					9			17				
Les Martys								3				
Lespinassière								7			8	
Léziguan									4			4
Limoux	25			23	23				9	12		
Mas-Cabardés					22					28		
Miraval					24							
Montfort									14			
Montlaur									18			
Montmaur		20	19		19		24			20		
Montaulieu					11				29			9
Montréal					25			7		1		6
Mouthoumet					20			5				
Narbonne								7				
Nébias									1			
Ouveillan							27		1			
Peyriac-Minervois									1		2	
Pexiora										9		
Pezens								12				

COMMUNES.	Janvier.	Février.	Mars.	Avril.	Mai.	Juin.	Juillet.	Août.	Septembre.	Octobre.	Novembre.	Décembre.
Plaigne	15					23				7		
Pradelles-Cabardés								23				
Puivert		21						13		31		29
Quillan		3			4			16		10		11
Rieux-Minervois												22
Rivel											23	
Rodome										6		
Roquefeuil					15						5	
Roquefort								20				
Rouvenac								25				
Saint-Denis								1				
Saint-Hilaire								16		21		
Saint-Michel-de-Lanés		17			15				6		29	
Saint-Papoul		18			16				15		18	
St-Laurent-de-la-Cab.									12			
Sainte-Colombe									9			
Saintes-Puelles		18			21					21		
Saissac				10				23				21
Sallèles-d'Aude								16				
Salles-sur-l'Hers									18			18
Salsigne										29		
Serviez											4	
Sigean											6	
Trèbes	10				13			26				
Tuchan									18			16
Villalier										1		
Villasavary					20				4			
Villespy										23		
Villeneuve-Minervois												10
Villepinte						28				29		

TABLE.